Wahnsinn Haussuche

Skurriles auf dem Weg zum Eigenheim

BETTY ANGLER

Bibliografische Information der Deutschen Nationalbibliothek:
Die Deutsche Nationalbibliothek verzeichnet diese Publikation in der Deutschen Nationalbibliografie;
detaillierte bibliografische Daten sind im Internet über http://dnb.d-nb.de abrufbar.

Hinweis:

Übereinstimmungen mit lebenden oder verstorbenen Personen sind rein zufällig und nicht beabsichtigt.

Markenschutz:

2. Auflage	November 2016
© 2016	edition riedenburg
Verlagsanschrift	Anton-Hochmuth-Straße 8, 5020 Salzburg, Österreich
Internet	www.editionriedenburg.at
E-Mail	verlag@editionriedenburg.at
Lektorat	Dr. phil. Heike Wolter, Regensburg
Bildnachweis	Frau am Cover: © studioloco – Fotolia.com
Satz und Layout	edition riedenburg

ISBN Paperback: 978-3-903085-61-9
ISBN Hardcover: 978-3-903085-62-6
ISBN eBook: 978-3-903085-63-3

WIDMUNG

Für alle, die immer wieder auf der Suche
nach ihrer Traum-Immobilie sind.

INHALT

DANKSAGUNG

Ich danke allen Verkäufern und Vermittlern von Immobilien, die mich
zu diesem Buch inspiriert haben. Eure zauberhafte Sprache lässt uns
Abstand vom grauen Alltag gewinnen, denn selbst die lausigste
Bruchbude wird poetisch mit Charme umsponnen.

EIGENHEIM, WIR KOMMEN!

„Du brauchst ein Haus", sagt meine Mutter zu mir.

„Ja", antworte ich, „ein Haus mit Garten und Obergeschoss, wo sich die Kinder zurückziehen können – das wäre schon was."

Ich überlege. Und greife nach meinem Tablet. Die erste große Immobilienplattform ist rasch gefunden. Bequem können die Suchoptionen eingestellt werden. Ich schiebe den Regler auf „ab 120m²". „Objekte zu kaufen" ist angehakt. Den Preis lege ich mit „bis 500.000 EUR" fest.

Man wird ja wohl noch handeln können. Und überhaupt: Was, wenn ich das Objekt der Begierde nur um ein paar Tausender verfehle, weil die Verkäufer überzogene Preisvorstellungen hatten? 500.000 Euro könnten wir natürlich nicht bar bezahlen. Mit Kreditkarte auch nicht. Aber die Banken sollen ja auch was von unserer Neuanschaffung haben, und die Zinsen waren noch nie so niedrig wie heute. Eigenheim, wir kommen! Das neue Haus liegt nur einen Hotspot entfernt.

Mein Finger tippt auf „29 Ergebnisse anzeigen". Offenbar entsprechen 29 Objekte meinen Suchkriterien. Toll! Ich hätte nicht gedacht, dass das so schnell geht. Doch was ist das? „Exklusive 2 Zi.-Terrassenwohnung" ist das erste Ergebnis. Zwei Zimmer für uns als Fünf-Personen-Familie? Das kann nicht funktionieren. Weder Haus, noch eigene Kinderzimmer. Meine Suchanfrage war offenbar zu ungenau.

Ich tippe auf den „Zurück"-Pfeil und spezifiziere: „ab 5 Zimmer". Die Option, eine Wohnung statt ein Haus zu kaufen, lasse ich offen. Man sollte sich nicht schon zu Beginn zwanghaft eingrenzen. Letztlich befinden sich auch Wohnungen in Häusern. Von daher ...

„Suche". Tipp. Das Gerät überlegt nicht lange. Und siehe da: Diesmal klappt es. Denn bereits Objekt Nummer eins scheint sich perfekt für unsere Bedürfnisse zu eignen.

DAS TRAUMHAUS IM 6-SEEN-GEBIET

Zugegeben: Violett als Hausfarbe war noch nie meins. Aber wenn das absolut ideale Traumhaus damit gestrichen worden ist, wollen wir mal großzügig darüber hinwegsehen. Schon zu Beginn meines Ergebnis-Checks bin ich begeistert: Nur 390.000 Euro für DIESES Haus! Unglaublich! Glück muss man haben!

Zu dumm, dass heute Freitagnachmittag ist und der Makler nicht mehr ans Telefon geht. Ich rufe meinen Mann im Büro an und erzähle ihm von meinem Überraschungserfolg. Der Puls ist hoch. Zumindest bei mir.

„Echt, das passt perfekt für uns, so ein Zufall!", rufe ich ins Telefon.

Mein Mann bleibt ruhig. Wie gewohnt ist er eher skeptisch. Warum bloß? Männer und ihre Begeisterungsfähigkeit. Mangelhaft.

Ich erinnere mich. Schon als wir unsere Wohnung gesucht haben, war er es, der mir jeweils die Nachteile aufzählte und darauf bestand, dass die Lage gegenüber der Bahn trotz der Aussicht in Richtung Gebirge immer laut sein würde. Rund 80 Wohnungen hatten wir damals ins Auge gefasst. Damals, vor gut 10 Jahren. Und nun, drei Kinder später, wäre es endlich wieder so weit: Mein Mann würde gemeinsam mit mir durch dick und dünn gehen und den Maklern und ihren Objekten intensiv auf den Zahn fühlen. Mit all der Erfahrung, die wir bereits hatten, würde die neue Immobiliensuche ein Klacks sein.

Ist das aufregend! Innerlich freue ich mich wie ein Kind.

Mein Mann freut sich nicht. Er hat sich auf einen ruhigen Feierabend eingestellt, und nun erhält er die Mitteilung, in einer der Umlandgemeinden ohne genaue Adresse nach einem violetten Haus Ausschau halten zu müssen.

„Das ist so auffällig, das finden wir auch so", beschließe ich in der Hoffnung, uns die im Falle eines Kaufs fällige Maklergebühr ersparen zu können.

Bereits am Telefon gebe ich meinem Mann die Objektnummer der entsprechenden Suchplattform durch und warte auf seinen Ausruf der Begeisterung. Der kommt zwar nicht wirklich, aber selbst der sonst skeptisch agierende Manager muss zugeben, dass die von mir gewählte Immobilie durchaus passend sein könnte.

„Die Glastür zum Arbeitszimmer ändern wir dann, oder?", fragt er mich, weil er beim Nachzählen nur auf vier echte Zimmer kommt.

„Wie auch immer", meine ich, „wenn uns das Haus erst einmal gehört, ist alles denkbar. Und das eine große Zimmer könnten wir teilen."

Wir vereinbaren, die Suche nach dem Haus auf Samstag zu verschieben und darüber hinaus auch weitere Objekte ausfindig zu machen. Ohne Makler. Nur anhand der Bilder und Beschreibungen. Ich fühle jugendliche Detektiv-Lust in mir aufsteigen.

Nach dem Frühstück fahren wir los. Die Kinder bekommen Lesestoff in die Hand gedrückt und außerdem den Hinweis, dass wir auf der Suche nach unserem künftigen Haus sind. Wenn das kein Grund zur Freude ist!

Los geht's. Erst mal in Richtung Autobahn. Das violette Haus ist etwa 40 Minuten entfernt.

„Hm", überlegt mein Mann während der Fahrt, „dann pendle ich pro Tag fast eineinhalb Stunden ins Büro und zurück."

„Aber die Lage im 6-Seen-Gebiet kann wirklich traumhaft sein", werfe ich ein. „Da hast du dann so viel Natur vor der Haustür, dass du das Pendeln gerne in Kauf nimmst."

Ich blicke auf mein Tablet.

„Wart mal", sage ich zu meinem Mann, „das hier ist schon der Ort. Und da unten, da ist die Kirche. Wenn du das eine Foto vom Haus anschaust, dann erkennst du, dass der Winkel zum Kirchturm nicht ganz passt."

Mein Mann sieht sich das Foto genau an.

„Du hast recht", sagt er, „das Haus muss auf der anderen Seite des Ortes sein, denn hier ist ein Berg abgebildet, den man nur von drüben sieht."

Mein Blick schweift auf die andere Seite des Ortes. Ich erkenne große Masten. Und Drähte. Als ich meine Augen auf scharf stelle, ist mir klar: Das muss eine Stromleitung sein. Gewaltig groß.

„Mist", sage ich zu meinem Mann, „wenn das wirklich da drüben ist, dann bekommst du deinen Strom vermutlich recht günstig."

Wir fahren auf die andere Seite des Ortes und halten Ausschau. Die Hoffnung, dass das violette Haus vielleicht doch auf dem perfekten Grundstück steht, stirbt zuletzt. Oder doch gleich.

„Stopp, das hier könnte es sein!", rufe ich, als ich violetten Putz erspähe.

Mein Mann setzt den Blinker und fährt an den Straßenrand. Und dann erblicken wir es, das violette Traumhaus. Es war nicht schwer zu finden, denn es ist direkt an die Straße gebaut. Dicht an dicht mit dem Nachbarn, was am Foto so gar nicht zu erkennen war.

Ich steige aus und besichtige das Grundstück.

„In der Pampa, und dann so was", sage ich enttäuscht, als ich zurückkomme. „Das hat ja kaum einen Garten, den man brauchen kann. Sieh nur, da hinten geht es supersteil nach unten."

„Und da oben, was ist da?", fragt mich mein Mann.

„Surrrrrrrrrrrrrrrr", macht es hörbar laut. Ich zucke zusammen.

„Hilfe!", rufe ich erschrocken. Direkt über uns befindet sich die Starkstromleitung. 380 Kilovolt stark. Riesig. Erschlagend. Bedrohlich. Menschenfeindlich.

„Das ist ja grauenvoll, lass uns von hier verschwinden", weise ich meinen Mann an.

Wir brausen davon.

Ich bin erst mal desillusioniert. Das Traumhaus hatte auf den Fotos wirklich traumhaft ausgesehen. Nahezu nigelnagelneu, außen wie innen. Mit Multimediacenter und einer schnieken Einrichtung, die von den derzeitigen Eigentümern übernommen werden hätte können. Mir scheint, diese haben fluchtartig das Haus verlassen. Womöglich wegen Stromtrasse und Elektrosmog? Ich erinnere mich daran, dass Umlandgemeinden seit Jahren gegen ein geplantes Bundesvorhaben protestieren. Es geht dabei um den Ausbau der Stromtrasse und das Aufstellen von gigantischen Strommasten. Mit gigantischen Leistungen. Und gigantischen Auswirkungen auf die Bevölkerung. Nein, danke, in der Nähe eines Stromungetüms möchte ich nicht wohnen.

Mein Tablet zieht am Akku. „Blingbling", macht es, als die Fünf-Prozent-Grenze erreicht ist. Verflucht, wie abhängig wir doch sind.

Ich stöpsle das Ladekabel an die Autobatterie.

GRUNDSTÜCK IM KESSEL

„Der nächste Ort ist Peinfeld", sage ich zu meinem Mann.

„Zielführung starten", gibt mein Mann den Auftrag ans Navi. Die Frau im Navi gehorcht aufs Wort und führt uns.

Wir fahren über die Hügel. Die Landschaft ist lieblich und schlängelt sich mal hier, mal da entlang. Diesmal müssen wir nicht lange suchen, denn wir peilen ein Grundstück an, das von privat verkauft wird, und kennen daher die genaue Adresse.

„Warum nicht selber bauen?", sagte ich bereits beim Auffinden des Grundstücks zu meinem Mann und nahm das besagte Objekt in unsere Liste auf.

Der Weg nach Peinfeld zieht sich. Nun geht es durch einen Wald. Dann auf einen Hügel hinauf, wieder hinunter, wieder hinauf, wieder hinunter. Endlich sind wir am Ziel.

„Wo genau ist es?", fragt mich mein Mann. Die Kinder blicken neugierig aus dem Fenster.

„Ich glaube, dort drüben hinter der nächsten Kurve", sage ich. Mein Mann gibt Gas. Zum Glück haben wir Allradantrieb. Die Haarnadelkurve nach rechts schafft unser Van nicht aufs erste Mal. Wir setzen zurück. „Achtung, da geht's steil bergab!", rufe ich. Die Bremsen fauchen, und mein Mann faucht auch.

„So ein Sch..., und das an meinem freien Tag."

Er schlägt das Lenkrad steil ein und fährt vorsichtig nach vorne. Links, nahe am Abgrund, ein Haus. Protzig, seltsam. Daneben das kaufbare Grundstück. Steil, überwuchert. Auf dem Bild hatte es deutlich größer ausgesehen. Da war aber auch das Nachbarhaus noch nicht zu erkennen gewesen. Drei seltsame Gestalten stehen in der Garage vor ihrem Auto und halten Weingläser in der Hand. Ich blicke auf die Uhr. Es ist 10:35 Uhr vormittags.

„Frühschoppen?", frage ich meinen Mann.

„Keine Ahnung", meint er misslaunig.

Aussteigen möchte ich nicht, denn hier ein Haus zu bauen, kann ich mir nicht vorstellen.

„Wahnsinn", sage ich zu meinem Mann und zeige mit dem Finger aus dem Fenster. „Hast du schon mal so einen Ort gesehen?"

„Nein", sagt mein Mann und staunt auch.

Peinfeld besteht eigentlich nur aus einem Graben. Auf der einen Seite, steil, Häuser am Hang. Unten eine Art Schneise. Auf der anderen Seite, steil, Häuser am Hang. Aussicht: Null. Sonne: Null. Drüben alles vollgeparkt, auf den Wiesen, auf den Straßen. Überall Autos. Überall. Einfach überall. Dazwischen das Zeichen der lokalen Bank, und ganz oben: eine Mühle.

„Mann, ist das schräg", entfährt es mir. Wir fahren in den Graben und wieder nach oben. Vorbei an den Resten eines Volksfestes. Alle Straßen sind steil, und wir haben keinen Plan, wie wir hier wieder rauskommen. An der Mühle angekommen, sehen wir ein Fahrverbotsschild. Die einzig mögliche Straße hier raus: verboten.

„Mir egal", sagt mein Mann und fährt los. „Polizei wird schon keine kommen und wenn doch, werden wir sie über unsere Notlage aufklären."

Wie wahr, wenn wir nur aus Peinfeld wieder rauskommen.

„Der Ort wird seinem Namen echt gerecht", nuschle ich.

Zwei Kinder sind eingeschlafen, das andere liest. Wie gut, dass ihnen der Blick auf Peinfeld erspart geblieben ist.

„Wo man sich nur überall hinbauen kann", meint mein Mann.

„Ja, seltsam", sage ich. „Das hier wäre mein persönlicher Albtraum."

GRUND VOR DEM WALD

Wir haben Grund genug, Peinfeld zu verlassen. Ein nächstes Grundstück nämlich, im überübernächsten Ort.

„Hofing ist nicht so ein Kaff wie Peinfeld", erkläre ich meinem Mann und fasse neuen Mut. „Da gibt es ein hübsches Grundstück, das könnte für uns passen."

Ich rufe den Makler an und gebe ihm meine Daten durch.

„Wir stehen hier an der Hofinger Kehre, ganz oben", erkläre ich dem Herrn am Telefon. „Sie haben doch dieses Grundstück in Hofing, wo ist das denn bitte?"

„Wenn Sie oben an der Kehre stehen, stehen Sie direkt davor", kommt als Antwort.

„Ach, wirklich?", rückversichere ich mich. Wie ärgerlich. Wir hatten das Land eigentlich schon gefunden, und der Makler nimmt drei Prozent.

Das Grundstück befindet sich direkt vor dem Wald. Es ist Sommer, die Brombeeren sind reif. Die Kinder steigen aus und wir pflücken uns einen Sack voll.

„Hier ist es schön!", finden wir. Mein Mann hat die Hunde an der Leine.

„Da oben ist Süden", meint er. „Dort ist der Wald. Und der Berg."

Richtungsangelegenheiten waren noch nie meine Stärke.

„Und was heißt das?", will ich wissen.

„Dass die Sonne hinterm Berg ist. Und hinterm Wald."

„Aha. Das ist schlecht", finde ich.

„Genau", findet auch mein Mann.

Wir brechen die weitere Grundstücksbesichtigung ab. Hinterm Wald, hinterm Berg, ohne Sonne – dort möchte ich nicht wohnen. Allenfalls, wenn ich als Moos wiedergeboren werde.

AUTOBAHN LÄSST GRÜßEN

„Kommt, wir gehen etwas essen", schlägt mein Mann vor.

„Jaaaa, Hunger!", rufen die Kinder von hinten.

„In Ordnung,", bestätige ich, „wir fahren Richtung Amselring, dort ist noch ein Objekt für uns. Total hübscher Garten und Sonne gibt es da auch genug, das sieht man auf den Fotos." Ich bin überzeugt. „Wirklich, diesmal werdet ihr nicht enttäuscht sein."

Auf dem Weg nach Amselring halten wir am Gasthof Angerbauer.

„Gibt es hier in der Gegend freie Grundstücke?", frage ich den Kellner. Kellner sind immer gut informiert.

„Demnächst", antwortet Johann, den ich dank Namensschildchen fast schon persönlich kenne. „Der Angerbauer, der hat Grünland umwidmen lassen in Bauland. Da entsteht eine neue Siedlung."

„Interessant", sage ich, „und wo genau?"

„Im Ortsteil Maibär", sagt Schild-Johann.

Ich suche den genannten Zielort im Internet. „Auf der grünen Wiese steht ein Karussell ...", fällt mir dazu ein. „Da ist ja weit und breit sonst nix", zeige ich meinem Mann den Kartenausschnitt.

„Es entsteht eine neue Siedlung, heißt es", sagt mein Mann nüchtern. „Vielleicht entsteht dann auch noch ein Ort und alles das, was wir jetzt schon haben."

„Ja, vielleicht", sage ich und weiß, dass ich all das, was vielleicht irgendwann in Maibär entstehen wird, jetzt schon gerne haben möchte.

Wir sind mit dem Essen fertig. Und sitzen wieder im Auto.

Die neue Adresse ist eingegeben. Wenige Minuten später sind wir auch schon dort. Zwischen zwei Ortschaften stehen 12 Häuser. „Das Ziel liegt auf der linken Seite", tönt die hohle Stimme aus dem Navigationssystem.

Ich erkenne das neue Objekt auf Anhieb. Es hat eine niedliche Holzente vor dem Eingang stehen. Das ebenfalls niedliche Gärtchen ist niedlich klein. Und überschaubar. So etwas findet mein Mann gut, da gibt es dann nicht zu viel zu tun für ihn. Rasenmähen und so.

„Psst, seid mal leise", sage ich, als alle aus dem Auto draußen sind und sich umblicken.

„Scchh scccchh scccchh sssssssssch", macht es aus der Ferne.

„Was ist das?", frage ich meinen Mann.

„Die Autobahn da drüben", sagt er und deutet auf etwas in die Jahre gekommene Bretter. „Schallschutzzaun."

„Hm", sage ich, „das war's dann wohl mit diesem Objekt."

„Autobahn ist wie Running Sushi", erkläre ich den Kindern. „Das hört nie auf, und irgendwann hast du genug davon."

Die Kinder nicken. Die Autobahn finden sie zwar erst mal nicht schlimm. Aber das mit dem Running Sushi verstehen sie.

„Ich mag kein Sushi", meint die Mittlere.

„Siehst du", bestätige ich ihren Einwand. „Deshalb werden wir dieses Haus auch nicht kaufen."

TATÜÜÜ, TATAAA – DAS MITTELREIHENHAUS VON DAMALS IST WIEDER DA

Langsam komme ich mir vor wie ein Laie. Lauter tolle Adressen. Und lauter Nieten. Was wohl aus unseren Überlegungen von vor über zehn Jahren geworden ist?

„Lasst uns dorthin schauen, wo wir fast einmal das Mittelreihenhaus gekauft hätten", schlage ich meinem Mann vor. „In Emshausen, du weißt schon."

„Ah, die Häuser am Sonnenhang", erinnert sich mein Mann. „Na, wenn du magst, dann machen wir das."

Emshausen ist ein Stück weit entfernt. Wir fahren eine knappe Viertelstunde auf der Autobahn, nehmen die dritte Ausfahrt und kurven ein bisschen den Berg hinauf.

„Jetzt rechts rein", erinnere ich mich. „Genau hier war es."

Links ein Fußballplatz, rechts die Siedlung. Sie liegt, wie der Name Sonnenhang schon sagt, an einem Hang. Dieser ist auch tatsächlich sonnig. Doch dort, wo ehemals ein großer Parkplatz war, steht nun ein riesiges Gebäude.

Sieben Reihenhaus-Blocks und - - -

„Die Feuerwehr als Nachbar, das gibt's ja nicht!", brüllt mein Mann.

„Stell dir vor, wenn wir das damals gekauft hätten", brülle auch ich.

„Tatüüü tataaa", singen die Kinder von hinten.

„Sind dann wenigstens schnell da, wenn's brennt", meint mein Mann und lacht.

„Meinst du, das klingelt häufig?", frage ich ihn.

„Zumindest sitzen etliche Feuerwehrmänner drinnen", sagt er nach einem prüfenden Blick durch die Scheiben. „Scheint eine große Feuerwache zu sein."

Die Sirene thront auf dem Dach. Und ich denke daran, wie das wohl wäre, wenn die Kleinste gerade schläft. Oder nachts. Oder überhaupt, wie das Leben wäre, direkt neben der Feuerwache. Tatüüü, tataaa.

„Puh, da haben wir ja nochmal Glück gehabt", finde ich.

Mein Mann nickt.

Was bin ich froh, dass er mir das Mittelreihenhaus damals ausgeredet hat. Es war in den Top 3 unserer Endauswahl gewesen, nur knapp hinter unserer schönen, ruhigen, zentral gelegenen Wohnung.

BAUMSCHULE BUNDESSTRAßE

„Ich habe noch ein anderes Objekt für uns", sage ich, als wir wieder auf der Autobahn sind.

„Hoffentlich bald das letzte", ruft ein Kind von hinten.

„Jaja, will alles angesehen werden", beruhige ich in Richtung Sitzbank. „Wir können nicht davon ausgehen, das perfekte Haus zu finden, wenn wir nix ansehen. Ok?"

„Ok, Mama", stimmt das Kind zu.

„Alte Baumstraße 5", gebe ich ins Navi ein.

Ich weiß bereits, dass bei diesem Objekt Bundesstraße und Autobahnabfahrt nicht unbedingt weit entfernt sind. Aber das muss ja nichts heißen. Wer weiß, ob und wie laut man das dann tatsächlich hört. Wenn das Haus nur charmant ist und irgendwie dennoch gut liegt.

„Das hier ist es", deute ich auf die hintere Haushälfte, als uns das Navi ans Ziel gelotst hat. Sie ist gelb und zeigt – genau in Richtung Autobahn.

„Nordwesten", orientiert sich mein Mann an der Straße Richtung stadtauswärts.

„Also Abendsonne?", rate ich.

„Ja. Und sonst nix", sagt mein Mann.

Er steigt aus und geht um das halbe Haus herum. Lächelnd zeigt er auf ein Schild.

„Guck mal", sagt er.

„PKW-Parkplatz 50 Meter links", lese ich ab. Und schaue auf den großen Parkplatz der Baumschule gegenüber des Hauses.

„Scheint wochentags eine Menge Betrieb zu sein", sage ich zu meinem Mann.

Seine Antwort höre ich nicht mehr. Es startet gerade ein Flugzeug. Als die Boeing 767 in den Wolken verschwindet, finden wir wieder zueinander.

„Ideale Aussicht für Liebhaber des Flugverkehrs!", schreit mein Mann. „Vom Balkon aus kannst du deine Flugzeug-Fotosammlung hier allerbestens vervollständigen!"

Ich gebe mich geschlagen. Selbst das ausgebaute Dachstudio, die Wohnküche, die drei großen Kinderzimmer und der liebevoll angelegte Garten können nicht darüber hinwegtäuschen, dass dieses Haus eine optimale Verkehrsanbindung hat, wie die Makler es normalerweise nennen. An Land wie in der Luft.

„Wie kann man nur so sehr die Unwahrheit formulieren", sage ich zu meiner Familie, als wir alle wieder im Auto sitzen. Ich hole mein Tablet hervor und lese nochmals die Hausbeschreibung durch, um sicherzugehen, dass ich mich beim besuchten Objekt ja nicht vertan habe: „Charmante Doppelhaushälfte mit Einzelgarage, Baujahr 1990, in ruhiger Siedlungslage von Alt-Baumbach errichtet. Der Pluspunkt des Hauses ist, dass es in absolut grünes und ruhiges Siedlungsgebiet eingebettet liegt. Diverse Einkaufsmöglichkeiten befinden sich in nächster Nähe. Das Haus ist in einem guten Zustand. Schöne, ruhige Süd/West-Terrasse mit Abendsonne."

Schön. Ruhig. Nun, wenigstens mit der Abendsonne lag der Makler richtig.

Wir sind erschöpft. So viele Objekte. So viel Murks. So viele Unwahrheiten. Gar nichts, das letztlich wirklich in Frage kommt – trotz überteuerter Preise.

Ich habe vorübergehend die Lust verloren, weitere Objekte zu suchen, und storniere meine Suchaufträge in den Immobilienplattformen.

DAS SPIELPLATZHAUS

Es ist Mittwoch. Am Spielplatz treffe ich eine Mutter mit zwei kleinen Kindern.

„Wohnt ihr auch hier?", frage ich sie beiläufig.

„Ja", antwortet sie, „aber nicht mehr lange. Wir haben vor zwei Wochen ein Haus gekauft."

Bumm. Das sitzt. Ein Haus. Gekauft. Vor zwei Wochen.

„Dein Haus kenne ich", sage ich wie aus der Pistole geschossen. „Ich kenne momentan nämlich jedes Haus, das am Markt ist. Und wenn ihr vor zwei Wochen gekauft habt, kenne ich euer Haus auch."

„Das ist ja lustig", meint die Haus-Mama, „wir haben es bei Team Bimmer gekauft. Es liegt im Ortsteil Leopoldsheim."

„Ha! Da habe ich sogar das Exposé davon bekommen", rufe ich ihr zu und schnappe mein Tablet aus der Handtasche. „Hier, Herr Fichtenschlager hatte es mir damals angeboten. 140m², 5 Zimmer, 700m² Grund, 685.000 Euro." Uff. Ich schlucke. 685.000 Euro.

„Wir haben es auf 550.000 Euro runtergehandelt", sagt die Haus-Mama, „der Makler hat uns dabei geholfen."

„Wirklich?", frage ich ungläubig, „so viel habt ihr gehandelt? Das ist ja Wahnsinn!"

„Naja, es ist noch viel zu richten. Neue Böden, Fenster, Türen. Da gehen schon nochmal 120.000 Euro rein, ich hatte einen Bausachverständigen da, der hat es uns geschätzt."

Okay, denke ich mir, dann waren sie ja fast wieder beim Ausgangspreis. Und die Sache hatte eben doch einen Haken – dass nämlich so ziemlich alles ziemlich kaputt war.

Dennoch gibt mir die Begegnung zu denken. Ein Haus hat sie. Gekauft. Wie toll!

Ich bin wieder angefixt. Und durchforste noch am Spielplatz sämtliche Immobilienplattformen.

Daheim erzähle ich meinem Mann von der Begegnung.

„Wir suchen wieder", beschließe ich.

„Ich schätze, am Wochenende?", fragt mein Mann.

Ich nicke. Es muss sein. Das richtige Haus wird nicht vom Himmel fallen. Es will gefunden werden. Von uns. Wo auch immer und wann auch immer.

Ich spüre es. Ich weiß es genau: Das richtige Haus wird kommen.

DAS ARCHITEKTENHAUS, HERR PLATSCHER UND DER REINFALL

Am liebsten wäre mir natürlich ein Haus von privat. Provisionsfrei, ohne Maklerkosten. Ohne falsche, geschönte Angaben.

Wobei: Ob Privatverkäufer nicht auch solche machen würden? Und wenn schon. Dann wären diese Angaben wenigstens gebührenfrei.

Es gibt zahlreiche neue Objekte seit meiner letzten Suchanfrage. Um gleich zum Punkt zu kommen, erhöhe ich die Anzahl der Filter und markiere das Kästchen „von privat".

Ein Tapser auf die Glasoberfläche des Tablets genügt, und schon strahlt mir das bislang mit Abstand schönste Haus entgegen: Architektenhaus. Mit professionell angelegtem Garten. Einliegerwohnung. Sieben Zimmer. Sieben! 220m² Wohnfläche. Großartig! Ans Putzen denke ich erst mal nicht. Und der Preis? 620.000 Euro. Warum so viel? Ah, das System hat meinen Preisfilter gelöscht. Clever von denen, dumm für mich. Ich bin verärgert, weil mir der Computer den Mund wässrig gemacht hat.

Etwas kampfeslustig kontaktiere ich den Anbieter trotzdem.

„Sehr geehrter Herr Platscher", schreibe ich, „leider liegt Ihr hübsches Haus außerhalb unserer finanziellen Möglichkeiten. Falls Sie, aus welchen Gründen auch immer, eine Preissenkung vornehmen möchten, denken Sie bitte an uns. Mit freundlichen Grüßen, ..."

Einige Stunden später klingelt das Telefon. Herr Platscher ist am Apparat.

„Wir haben den Preis gesenkt", beginnt er das Gespräch. „Der neue Preis ist 535." 535. Wie cool das klingt. Wie ein Automodell oder die neue Nummer der Auskunft.

„Ah, das ist ja interessant", sage ich. „Und warum haben Sie den Preis gesenkt?"

„Der Makler, den ich vorhin beauftragt habe, fand den neuen Preis attraktiver", sagt Herr Platscher. „Aber da geht jetzt nichts mehr, damit stechen wir in den Markt. Er wird es ab morgen ganz aggressiv bewerben. Das geht dann ruck-zuck."

Herr Platscher scheint sehr überzeugt von dem, was er da sagt. Ich erinnere mich an die Haus-Mama vom Spielplatz. Preissenkungen in dieser Höhe scheinen tatsächlich das tägliche Brot im Maklergeschäft zu sein. Preissenkungen in der Höhe eines vorzüglichen Jahresbruttogehalts. Oder besser gesagt, in der Höhe von zwei vorzüglichen Jahresbruttogehältern. Mal eben so, gesenkt. Hätte man das Architektenhaus vorgestern gekauft: Pech gehabt. Aber so: Geradezu ein Schnäppchen.

Ich bin neugierig. Wenn Herr Platscher in den Markt sticht, möchte ich dabei sein. Und zwar vor dem offiziellen Makler-Verkaufsstart.

„Und warum verkaufen Sie das hübsche Haus?", bohre ich nach.

Herr Platscher klingt schon älter. Vielleicht so um die 60.

„Ich habe ein neues Projekt entwickelt und brauche nun Kapital", erklärt er mir. „Außerdem sind die Kinder aus dem Haus. Und für meine Frau und mich ist das Haus ganz einfach zu groß geworden."

Klingt logisch, denke ich mir.

„Wissen Sie, wir haben hier eine Wohnung mit etwas über 100m², drei Kinder, also ungefähr das Gegenteil von dem, was Sie beschreiben."

„Das kann ich mir vorstellen", sagt Herr Platscher und erfragt die Lage unserer Wohnung. Innenstadt. Grün. Zentral. Ruhig. Wirklich ruhig, erkläre ich ihm. Und wirklich zentral.

„Besser geht's nicht. Die Bewohnerstruktur ist ebenfalls ausgezeichnet, und eigentlich bricht es mir das Herz, wenn ich daran denke, unsere Eigentumswohnung wegen ein paar Quadratmetern herzugeben."

„Kann man die Wohnung gut vermieten?", möchte Herr Platscher von mir wissen.

Ich wundere mich. Warum möchte er meine eingetauschte Wohnung bloß vermieten, wo er doch angeblich Kapital für sein neues Projekt braucht?

„Selbstverständlich", sage ich, „in unserem Haus sind Wohnungen sehr gut vermietet, im Nachbarhaus ebenfalls."

„Prima!", freut sich Herr Platscher, bevor ich noch die Adresse seines Hauses in Erfahrung gebracht habe. „Wir können tauschen", schlägt er vor. „Wir lassen Ihre Wohnung schätzen, und dann zahlen Sie mir die Differenz einfach auf."

Ich liebe schnelle Entschlüsse. Aber diesmal geht es selbst mir zu schnell.

„Wo liegt Ihr Haus denn bitte genau?", möchte ich von ihm nun endlich wissen.

„In hervorragender Lage, Siedlungsrand", erklärt er mir. „Am Nachbargrundstück ist ein Schwimmteich. Wenn Sie möchten, können Sie den zusätzlich erwerben."

Ein Teich, überlege ich, und denke gleichzeitig an unsere zweijährige Tochter und den Anfang des Films „Wenn die Gondeln Trauer tragen". Die Szene, in der das Mädchen im Teich ertrinkt.

„Also, wir wären erst einmal an Ihrem Haus interessiert, nicht so sehr an dem Teich", erkläre ich Herrn Platscher. „Wo bitte befindet es sich denn nun genau?", bleibe ich hartnäckig.

Endlich rückt Herr Platscher heraus mit der Sprache.

„In Seekapellen, Mauerweg Nummer 12."

Seekapellen, Mauerweg 12 schlage ich im Internet auf der elektronischen Straßenkarte nach. Wie gewohnt werde ich mit dem Zielpfeil in die Karte gezogen. Siedlung, Häuser, Wald erkenne ich auf den ersten Blick. Und eine dicke Wurst neben dem Grundstück.

„Was ist denn das neben Ihrem Grundstück hinter den Bäumen?", frage ich Herrn Platscher, der es ja wissen muss.

„Eine Straße", sagt er.

„Und, hört man die?", frage ich ihn.

„Also, uns hat die eigentlich relativ nie gestört, und wir haben da 20 Jahre gelebt", ist die Antwort.

Eigentlich. Relativ. Nie. Das gab es eigentlich relativ auch nie, so eine Aussage. Welche Aussage war das überhaupt?

„Sie können mir aber nicht erklären, dass man die Straße nicht hört, oder?", gehe ich ins Detail. „Ich meine, laut Straßenplan verläuft die nicht mal zehn Meter hinter Ihrem Haus."

„Das täuscht", sagt Herr Platscher. „Auf dem Computer sieht das immer viel näher aus als in der Realität."

„Tatsächlich?", bin ich überrascht. Herr Platscher und seine Aussagen beginnen, mir Spaß zu machen. Dennoch beschließe ich, das Gespräch rasch zu beenden.

„Ich habe ja Ihre Koordinaten, Herr Platscher", sage ich zu ihm und verabschiede mich von ihm.

Herr Platscher und seine Einschätzung der Realität geben mir zu denken. Ob er im Straßenverkehr aus zehn Metern auch hundert macht? Das wäre dann ja nicht nur gelogen, sondern auch gefährlich.

GEPFLEGTES HAUS IN SONNIGER TOP-LAGE AM FLUSS

Ich suche weiter. Und finde es: unser Haus. Ursprünglich wollten wir ja kein Reihenhaus. Einzementierte Feindschaft, so nennt es meine Mutter. Sie wird ihre Gründe haben. Am Land, wo meine Eltern wohnen, kann man natürlich leichthin eine solche Meinung vertreten und auf Reihenhäuser spucken. Aber in der hochbezahlten Stadt? Wir sind längst demütig geworden. Besser gesagt: ich.

Mein Mann nicht, der liebt die Stadtwohnung. Ich aber finde spätestens seit dem augenscheinlichen Jagd-Erfolg der Haus-Mama vom Spielplatz: Ein Haus muss her. Und mit ihm mehr Platz. Mehr Diskretion. Mehr Raum, sich gegenseitig aus dem Weg zu gehen. Mehr Keller. Mehr Stufen – gutes Training für die Oberschenkel und den Po! Mehr Zimmer. Mehr Stockwerke. Mehr Aussicht. Mehr von allem und überhaupt.

Diesbezüglich scheint das neu gefundene Objekt geradezu optimal zu sein. Ein, laut Beschreibung, „gepflegtes Haus in sonniger Top-Lage". Noch dazu am großen Fluss. Der filtert die schlechte Luft und macht keinen Krach. Echte Schiffe fahren keine, bis auf ein paar kleine Touristenbesichtigungsbötchen. Was also, wenn nicht der große Fluss, könnte besser geeignet sein als Nachbar?

Die Bilder des Objekts gestalten sich vorzüglich: Es sieht schnuckelig aus, tatsächlich sehr gepflegt, hat einen entzückenden Garten mit japanischem Flair und einen hübschen von grünbuschigen Pflanzen umrankten Teich. Ich erinnere mich daran, als Kind auch oft am Teich meiner Eltern gesessen und den Fröschen beim Quaken zugehört zu haben. Damals, als ich allerdings schon älter war als unsere Jüngste. Gedanklich bin ich aufgrund meiner Wasser-Paranoia bereits dabei, den hübschen Teich zuzuschütten. Aber sei's drum, am Teich würde es nicht scheitern.

Ich rufe die Maklerin an. Es ist Dienstagnachmittag und ihre Kollegin geht ans Telefon.

„Könnten Sie mir bitte die Adresse des Objekts am Fluss mitteilen?", frage ich und gebe bereitwillig meine Daten bekannt.

Sie mailt mir die PDF-Datei mit dem Hinweis, dass die Kollegin ab nächster Woche für eine Besichtigung bereitstünde.

Nächste Woche. Das ist zu lang. Meinen Mann erreiche ich im Büro, um ihm zu sagen, dass er die Kinder und mich abends von zu Hause abholen soll, um das Objekt noch heute zumindest von außen zu besichtigen. Er stimmt zu und spielt mal wieder Haus-Taxi.

Wir fahren in Richtung Bahnhof. Die Gegend war noch nie meine Lieblingsgegend. Eine Freundin von mir besaß hier vor etlichen Jahren ein geerbtes, großes Haus ihrer Großmutter. Das verkaufte sie. „Abends stehen die Prostituierten direkt vor unserem Garten", meinte sie damals. „Ich ziehe aufs Land, in Omas Haus sollen meine Kinder später nicht aufwachsen."

Damals war damals, und heute ist das gepflegte Haus immerhin eine Querstraße weiter weg vom Rotlichtbezirk. Hier, heißt es, befänden sich Top-Liegenschaften in begehrter Lage. Und auf den ersten Blick ist das auch so: Protzige Villen reihen sich nebeneinander – und da hinten auch eine Batterie an Reihenhäusern.

„Du kannst hier parken", sage ich zu meinem Mann, der allerdings schon zu weit gefahren ist.

„Steig du aus, ich mache die Runde und stelle mich dann vors Haus", meint er.

„Sehr gut", sage ich, „dann kann ich gleich den versperrbaren Carport besichtigen. Zu dem kommt man über eine Zufahrtsstraße."

Ich suche die Zufahrtsstraße. Und finde sie kaum. Sie ist komplett verwachsen und nur ungefähr zwei Meter breit. Um hier hineinzukommen müsste mein Mann unseren Familien-Van wohl schrumpfen. Auch er fährt bei seiner Schleife an der Zufahrtsstraße vorbei und runzelt besorgt die Stirn. Uns ist klar: Ein Auto wird hier nicht parken können.

Ich gehe besagte Straße etwa zehn Meter entlang und entdecke ihn auch schon: den versperrbaren Carport hinter dem angebotenen Haus. Rein zufällig kommt die Bewohnerin gerade heraus, um etwas zu holen.

„Entschuldigen Sie bitte. Dieses Haus hier wird verkauft, oder?", frage ich vorsichtig.

„Ja", sagt sie, „wollen Sie reinkommen und es sich ansehen?"

Bingo! Glück muss man haben, denke ich mir.

„Das wäre natürlich perfekt", sage ich, „vielen herzlichen Dank! Die Maklerin ist auf Urlaub und hätte uns erst nächste Woche reinlassen können."

„Ich verstehe. Na, dann kommen Sie mal. Mein Mann ist auch hier. Wir kommen gerade aus dem Urlaub aus Spanien zurück und es sieht ein bisschen aus. Erschrecken Sie nicht."

Ich folge der Frau durch den Garten. Und wundere mich. Hier gibt es gar keinen Teich. Und auch keine Hecke, wie sie auf dem Foto zu sehen war. Im versperrbaren Carport stehen ungefähr sieben Fahrräder, ein Wäscheständer und ein Rasenmäher.

„Wir nützen den Stellplatz für alles, was man so braucht", sagt die Bewohnerin, als sie meinen Blick auf die eigentliche Autogarage entdeckt. „Für ein Auto ist es hier etwas zu eng."

Eng ist es auch in weiterer Folge. Wir betreten das Haus durch die Gartentür. Hier ist ein etwas dunkles Büro untergebracht. Daneben gibt es eine Waschküche mit Dusche und eine Sauna.

„Hübsch, die Sauna", sage ich. Ich liebe es, in der Sauna Wärme zu tanken.

„Wir benutzen sie kaum", meint die Frau. „Ich lagere gerade unsere Umzugskartons hier."

Sie öffnet die Tür der Saunakabine. Es stapelt sich aller möglicher Kram. Darunter viele Kartons.

„Die sind in der Tat hitzeinkompatibel", sage ich. „Sie ziehen um?"

„Ja", sagt die Frau, „das Haus soll ja verkauft werden."

Richtig, ich erinnere mich. Wie dumm von mir, eine solche Frage gestellt zu haben.

Wir gehen nach oben. Es ist eine relativ schmale Stiege, die in den eigentlichen Eingangsbereich des Hauses führt.

„Guten Tag", ruft der Herr des Hauses von oben.

„Guten Tag, Ihre Frau ließ mich freundlicherweise hinein, ich bin da hinten herumgeschlichen, um das Haus zu erspähen."

„Kein Problem", sagt er, „wir können Ihnen so einiges darüber erzählen. Immerhin haben wir drei Jahre hier gewohnt."

Wunderbar, denke ich mir. Keiner kann besser Auskunft geben als die ehemaligen Mieter.

„Da draußen schleicht ein Auto herum", sagt der Herr des Hauses.

„Das wird mein Mann mit den Kindern sein", erkläre ich. „Dürfen die auch hineinkommen?"

„Aber selbstverständlich!", ist die freundliche Antwort.

Ich öffne die Tür. Es regnet auf einmal wie aus Eimern. Eilig laufe ich zum Auto, das etwas weiter vorne parkt. „Kommt rasch!", rufe ich meinen Leuten zu. „Die Besitzer sind da und führen uns durchs Haus."

Wir werden etwas nass, aber das macht nichts. In der Diele angekommen müssen einige auf die Treppenstufen ausweichen, denn der Vorraum ist viel zu eng, als dass er uns alle fassen könnte.

„Bitte, kommen Sie", sagt der Herr des Hauses.

Wir steigen in den ersten Stock empor. Hier ist es wieder eng, und mein Mann weiß nicht so recht, wie er sich hinstellen soll, um nicht zu stören.

„Hier haben wir einen Schrankraum abgetrennt vom Gang, der ist praktisch. Kann man wieder zurückbauen", erklärt die Frau. „Und dort ist unsere Küche. Den Gasherd nehmen wir mit, den haben wir gekauft. Alles andere bleibt drin."

„Gas, super!", freue ich mich und erinnere mich daran, beim Italienurlaub stets neidisch auf die superpraktischen Gasherde gewesen zu sein.

„Das da ist die Speisekammer", erklärt der Herr des Hauses und öffnet eine Tür hinter dem improvisierten Küchentisch.

„Hier haben Sie auch gegessen, oder?", frage ich.

„Ja, zu fünft. In der Früh geht das ganz gut. Ansonsten sind wir ins Wohnzimmer ausgewichen."

Durch eine kleine Durchreiche blickt man ins Wohnzimmer. Es ist nett. Klein. Gemütlich. Ich frage mich, wo unser großer Fernseher hängen könnte und habe keine rechte Idee. Fernsehen war meinem Mann schon immer wichtig. Hier macht er keine Kompromisse. Und seit wir unseren 70-Zoller samt seiner um einen Meter ausziehbaren Profi-Wandhalterung mit Injektionsmörtel in die Wand betoniert haben, weiß ich, dass auch das neue Haus zumindest über eines verfügen muss: eine geeignete Wand für den Flatscreen.

Die Chancen für das Haus sinken.

„Sie sehen, der Raum ist recht übersichtlich", scheint der Herr des Hauses meine Gedanken zu erraten. „Das war auch ein Punkt damals, der uns überlegen ließ. Man hat nirgends so wirklich Platz."

Er öffnet die Tür zum WC.

„Und hier: kein Waschbecken. Für mich als Chirurg eine Horrorvorstellung. Der, der mit Durchfall am Klo sitzt, muss sich seine Hände dann in der Küche waschen, wo gerade die Tomaten zubereitet werden."

Ich bin diesbezüglichen Kummer gewohnt. Drei Kinder – da wird man abgehärtet. Dennoch haben sogar wir in unserer Wohnung ein kleines Waschbecken im Gäste-WC. Lecker ist die Vorführung des stillen Örtchens jedenfalls nicht.

„Hier ist unser Schlafbereich", öffnet die Frau eine Tür neben dem WC.

Der Raum ist ebenfalls sehr übersichtlich, ich schätze ihn auf etwa sieben Quadratmeter. „Die Kinder sollten die größeren Räume bekommen", erklärt die Frau. „Gehen wir nach oben, dann sehen Sie die Kinderzimmer."

Eine wirklich steile Treppe führt in den zweiten Stock.

„Die ist aber hübsch", stelle ich fest. Das Holz wirkt edel und erinnert an einen alten Bauernschrank.

„Danke", sagt der Herr des Hauses. „Wir haben sie in stundenlanger Arbeit renoviert. Es war Laminat darüber verlegt, so konnte man kaum nach oben gelangen. Die Stufen waren viel zu schmal. Ich bin Chirurg, eine so gefährliche Stiege wünscht man keinem. Wenn wir aber gewusst hätten, dass der Eigentümer so rasch verkaufen möchte, hätten wir uns die Renovierung und die damit verbundenen Kosten erspart."

Wir kommen nach oben.

„Das wird mein Zimmer!", ruft eines unserer Kinder. Der Raum ist sehr hübsch und besteht aus einem Hauptzimmer sowie einem podestartigen Spielraum. Außerdem befindet sich ein stillgelegter Ofen im Zimmer. Der Blick zum Fluss ist berauschend.

„Sehr hübsch", finde ich. Auch mein Mann ist von diesem Raum begeistert. Daneben erblicke ich einen kleinen Raum sowie das Badezimmer.

„Keine Badewanne?", frage ich.

„Nein", sagt die Frau des Hauses. „Deswegen hätten wir es fast nicht gemietet. Dafür haben wir eine Doppeltür zum kleinen Klopfbalkon. Die Tomaten fühlen sich hier sehr wohl."

Vom Balkon aus hat man einen tollen Blick in den Garten.

„Dableiben!", rufe ich meiner Jüngsten zu. Es geht etliche Meter steil hinab, und das Geländer macht keinen vertrauenserweckenden Eindruck.

„Der Garten, der war mal anders, oder?"

Ich zücke mein Tablet und sehe mir nochmals die Bilder an. Dann zeige ich sie den Mietern.

„Das haben wir gleich nach unserem Einzug geändert", lautet die Antwort. „Ich habe der Maklerin angeboten, neue Fotos zu machen, aber sie meinte, das sei nicht nötig", ergänzt der Herr des Hauses.

Nicht nötig? Ich wundere mich. Das Objekt ist zumindest im Außenbereich kaum wiederzuerkennen.

An der Außenwand auf Höhe des Badezimmers erkennt man einen deutlichen Riss zum Nachbarhaus, das Mauer auf Mauer direkt angrenzt.

„Gibt es Probleme mit der Mauer?", frage ich und deute auf die Stelle.

„Ja, die gibt es", sagt der zukünftige Ex-Mieter. „Ein Grund, warum wir nicht über einen Kauf der Immobilie nachgedacht haben."

„Aha, und was genau ist da los?", frage ich interessiert.

„Das Fundament wird ausgeschwemmt. Der Fluss ist das Problem. Wir können uns das im Erdgeschoss beim Eingang nochmals anschauen. Aber zuvor sollten wir den Dachboden besichtigen."

Oben gibt es noch ein nettes Jugendzimmer sowie einen unausgebauten Dachboden. Er ist vollgeräumt von hinten bis vorne. Meine Phantasie lässt hier ein neues Zimmer entstehen.

„Das wäre doch toll, noch ein Raum", sage ich zu meinem Mann.

„Wenn Sie so viel Geld in die Hand nehmen möchten ...", meint der Haus-Arzt. „Wir haben hier gerne unseren Lachs mariniert. Die Temperatur ist im Winter ideal, es bleibt schön kühl."

„Und das Zimmer daneben, ist das gut temperiert?", frage ich.

„Wenn man alle drei Tage die Heizkörper entlüftet und volle Pulle anheizt, dann lässt es sich aushalten", sagt die Arztfrau.

Wir gehen im Entenmarsch die Treppe nach unten. Vor dem Haus zeigt uns der Chirurg massive Risse bei den Eingangsstufen. Es ist sogar ein Loch zu sehen.

„Hier spült es uns das Fundament aus. Vorne sind auch Risse. Hinzu kommt, dass die Straße vor dem Haus absackt."

Man erkennt, wie schief die Straße vor dem Gartenzaun bereits ist.

„Damit verbunden gibt es Kanalisationsprobleme", ergänzt er. „Alle drei Wochen haben wir den Kanalräumer zu Gast, sonst spült es uns die Scheiße bis in die Wohnung."

Nebenbei erfahren wir, dass die Eigentümer vor kurzem noch rund 120.000 Euro mehr wollten.

Als wir uns voneinander verabschieden, schleichen seltsame Gestalten um die Ecke. Bahnhofsviertel. Wir bedanken uns und sind froh, wieder im Auto zu sitzen.

AUF EIN NEUES: REIHENHAUS IN BEGEHRTER LAGE AM FLUSS

Am nächsten Tag werde ich auf ein Inserat aufmerksam, das ich bereits vor einiger Zeit ausgeschlossen hatte. Reihenhaus. Wollten wir eigentlich nicht. Aber wenn wir schon die Top-Lage am Fluss besichtigt haben, dann kommt es auf eine Reihenhausbeschau mehr oder weniger auch nicht an.

Ich klingle bei der Maklerin durch. Sie steckt zwischen zwei Besprechungen und ist in Eile.

„Ein Schmuckkästchen!", sagt sie kurz angebunden. „Ich hoffe, dass meine Kunden das auch so sehen. Es befindet sich in der Albert-Sischek-Straße 8. Wir können es uns morgen früh um halb neun ansehen."

Schmuckkästchen. Diese Aussage kenne ich von Maklern bislang noch nicht. Schmuck mag ich, und Schmuckkästchen klingt zweifelsohne nach etwas Wertigem. Aber bis morgen möchte ich nicht warten. Wenn es wirklich ein Schmuckkästchen ist, dann ist es bald weggekauft. Und zwar von uns.

Nach der Kletterstunde der Mittleren fahre ich mit den Kindern zur genannten Adresse. Eine erstklassige Reihenhaussiedlung. Hier würde niemand dem anderen neidisch sein, weil er ein größeres Haus besitzt. Die etwas noble Nachbarschaft in 100 Metern Entfernung jetzt einmal ausgenommen.

Der Fluss liegt diesmal nicht direkt vor der Tür, sondern erst einige Meter weiter in zweiter Reihe entfernt. Gut, denke ich, dann ist auch das mit dem Wasser hier kein Thema.

Zufällig kommt die ältere Nachbarin gerade die Treppe herunter, Papiermüll unterm Arm.

„Darf ich Ihnen helfen?", frage ich und werfe das Zeugs in die Tonne.

„Oh, das ist aber lieb", sagt sie. Sie ist schätzungsweise 80 Jahre alt und geht am Stock. Vor der Garage hat sie eine Kiste mit Einkäufen liegen.

„Ich trage Ihnen die Sachen gerne nach oben", biete ich an und klemme mir die Kiste unter den Arm.

„Danke", sagt die ältere Dame und geht wieder ins Haus.

„Hier, bitteschön", sage ich und stelle die Kiste auf das Sofa im Vorraum. Ich packe die Gelegenheit am Schopf und frage: „Wäre es sehr unverschämt, wenn ich Sie bitten würde, mir Ihr Haus zu zeigen? Das Nachbarhaus wird verkauft, und wir haben morgen Besichtigung."

„Aber nein, kommen Sie nur rein!", antwortet die ältere Dame. „Hier ist die Küche mit Essplatz, die andere Wohnung hat an dieser Stelle ein Gästezimmer. Und das, das ist das Wohnzimmer. Drüben haben Sie einen Kachelofen. Vorne gibt es eine Galerie mit Ausgang auf die Terrasse auf der rechten Seite."

Die Haushälfte wirkt nicht ganz so eng wie das Haus am Fluss, sie dürfte etwas breiter sein. Der Garten ist wildromantisch, wie Makler es nennen.

„Sie glauben ja gar nicht, wie viele Vögelchen hier zu Besuch sind", sagt die ältere Dame, und meine Kinder sind begeistert. „Dürfen wir kurz in den Garten?", frage ich.

„Bitte, nur zu", sagt die ältere Dame.

Es ist feucht draußen. Wir ziehen uns die Schuhe aus und besichtigen den überschaubaren Gartenanteil. 100m² steht in der Anzeige, davon ist angesichts der vielen Hecken und Sträucher aber nicht mehr viel übrig.

„Wir haben die besten Häuser in der Siedlung, die anderen schauen nur auf Garagen", erklärt die ältere Dame. „Wir sehen ins Grüne."

Grün ist es, da hat sie recht, denke ich mir. Der lebendige Zaun nach rechts und links ist jedenfalls ungefähr vier Meter hoch.

„Wohin kommt man hier?", frage ich, als ich eine Treppe erblicke.

„Zum von außen begehbaren Kellerabteil", antwortet die ältere Dame.

Die Stufen hinunter sind komplett vermoost. Der Keller selbst ist unversperrt, er befindet sich in einer schwarz lackierten Wanne.

„Gegen das Wasser", erklärt die ältere Dame. „Vor drei Jahren, beim starken Unwetter, da hatten wir Wasser im Keller."

Wasser. Schon wieder, denke ich. Ich beginne, Wasser zu hassen.

„Vom Fluss?", frage ich.

„Nein, von den Bergen", sagt sie. „Wenn zu viel runterkommt, drückt es das Wasser durch die Kanalisation nach oben, weil nichts mehr ablaufen kann."

Ich kann mir vorstellen, wie begeistert mein Mann von der Aussicht auf nächtliches Keller-Auspumpen wäre. Trippeltrippeltrippeltripp, Regen würde ab sofort nicht mehr lauschig, sondern bedrohlich für uns sein.

„Was lässt du diese Leute ins Haus?", höre ich einen älteren Herrn drinnen schimpfen.

„Die Frau hat mir die Sachen hochgetragen", wehrt sich die Dame. Ich komme mir schäbig vor. Als sie wieder bei der Terrassentür erscheint, sage ich: „Wir gehen jetzt, Ihr Mann wird schon ärgerlich. Hier haben Sie meine Karte, damit Sie wissen, wer da war." Ich greife in meine Handtasche, doch wieder einmal sind meine Visitenkarten aus.

Peinlich. Ich komme mir vor wie ein Betrüger. Im Haus gewesen, Name nicht dabei. Wie dem auch sei, würden wir Nachbarn werden, könnte ich meine Identität ja nachreichen.

„Die Nachbarin hat damals, als wir eingezogen sind vor 30 Jahren, alles tipptopp ausgestattet bei sich. Sogar einen Weinkeller haben die drüben."

Die ältere Dame geleitet uns nach draußen.

„Sehen Sie sich die Wohnung unbedingt an. Der Mann ist kürzlich verstorben, und alleine möchte sie nicht mehr drin wohnen. Ein bisschen in die Jahre gekommen ist alles, aber ansonsten sehr gut in Schuss."

Wir bedanken uns und sind gespannt auf den nächsten Tag.

Überpünktlich stehen mein Mann und ich um kurz vor halb neun vor dem Haus.

„Hier ist es", sage ich. Er steigt aus und sieht sich die Siedlung an.

„Die Küche geht nach Norden", meint er trocken.

Wasser, nass. Norden, dunkel. Meine Feinde.

„Man kann zum Esszimmer hin durchbrechen", verteidige ich die Lage des Hauses.

Doch mein Mann ist unbeirrbar. „Norden bleibt Norden", sagt er trocken. „Hast du außerdem gesehen, wie feucht die Holzverkleidung des Hauses ist?"

Ich blicke empor. Er hat mal wieder recht. Nicht nur die Stufen zum Garten und zum Außenkeller sind vermoost, auch die Holzbretter am

Balkon und auf der Seitenwand des ersten Stockes sind eher grün als braun.

Ein Auto fährt flott herbei. Die Dame, die aussteigt, hat eine gelbe Mappe in der Hand. Maklerin, denke ich sofort.

„Guten Morgen, wir haben es eilig, um neun Uhr kommt der nächste Interessent", begrüßt sie uns.

Wir klingeln. Eine etwa 65-jährige Frau öffnet uns. Sie ist groß, sehr groß. Und relativ breit. Mit ihren Maßen füllt sie den Vorraum gut aus.

„Lassen Sie die Schuhe ruhig an", meint sie, als wir Anstalten machen, unsere Schuhbänder zu öffnen. „Hier ist inzwischen ohnehin alles zum Putzen."

Wir betreten das Wohnzimmer. Die kleine, dunkle Holzküche wirkt beklemmend. Hier möchte ich nicht kochen. Norden. Auch wenn die Wand zum Nachbarraum weg ist. Mein Mann hat es korrekt formuliert.

Das Wohnzimmer ist gesteckt voll. Die Terrassentür mit grünschmieriger Melasse überzogen.

„Hier wirft es uns das Wasser fast bis vor die Tür vom Balkon runter", erklärt die Eigentümerin. Die Maklerin verdreht die Augen. Eigentümern sollte für solche Aussagen ein Maulkorb verpasst werden.

„Im Garten habe ich seit zwei Jahren nichts mehr gemacht", ergänzt die korpulente Dame. Das Foto im Exposé weicht auch hier massiv von den Tatsachen ab. Der sonnige Freisitz ist kaum wiederzuerkennen, die Waschbetonplatten sind verkommen.

„Puh, braun", sagt mein Mann und deutet auf die Begrenzungsmauer zum Nachbarn.

„Und hoch", sage ich. Die Mauer wirkt mächtig. Ich fühle mich eingeschlossen.

„Kommen Sie nun weiter, wir haben es eilig", betont die Maklerin.

„Das ist der offen gestaltete Stiegenaufgang. Und hier kommen wir auch schon zum ersten Kinderzimmer."

Die Maklerin geht voran. Das Zimmer ist lang und schmal.

„Beim Öffnen der Tür gibt es ein Problem", sagt die Maklerin. „Besser, wir gehen in das zweite Kinderzimmer."

Wir folgen ihr. Im zweiten Zimmer lässt sich die Tür öffnen. Man blickt in die Ferne. Häuser über Häuser, wie es in einer Siedlung eben so ist.

„Viel Sonne bekommst du hier nicht", sagt mein Mann und deutet auf den vollkommen verfaulten Balkon.

„Das wird von der Hausverwaltung instandgesetzt", erklärt die Maklerin. „Genau wie die kaputten Fenster, die werden repariert."

„Oder ausgetauscht?", frage ich.

„Nein", ist die Antwort. „Einen Austausch muss der Eigentümer selbst vornehmen."

„Hier ist das Schlafzimmer", prescht die Maklerin hastig voran.

Nun ist mir klar, warum das Schlafzimmer im Exposé nicht abgebildet war. Es besteht eigentlich aus Schränken und noch viel mehr Schränken. Alle in schwarz. Und Spiegel gibt es hier, jede Menge.

„Die Schränke können selbstverständlich entfernt werden", erkennt die Maklerin mein Unwohlsein. „Dann erhalten Sie einen schönen, großen Raum."

Meine Phantasie spielt teilweise leider nicht mehr mit.

„Und das Dachgeschoss?", frage ich halbherzig.

„Frau Brummer, wo ist denn der Stecken für die Stiege zum Boden?", erkundigt sich die Maklerin.

„Im Bad vor der Badewanne in der Nische", erklärt Frau Brummer.

Mit vereinten Kräften ziehen wir die schwere Dachbodenstiege nach unten. Ich wage mich nach oben. Es ist kalt und unfreundlich, obwohl sich der Sommer gerade erst zu Ende neigt.

„Man müsste den Abstellraum hinter der Stiege opfern, um eine Wendeltreppe einbauen zu lassen. Sie brauchen die Zustimmung der Nachbarn, die haben das aber selber teilweise schon gemacht, Dachausbau und Gauben und so weiter", ist sich die Maklerin sicher.

„Und was kostet das in etwa?", frage ich.

„Nageln Sie mich nicht fest, so um die 20.000 bis 30.000 Euro", sagt die Maklerin.

„Mit Rechnungen?", möchte ich wissen.

„Also, dazu kann ich jetzt wirklich nichts sagen", antwortet sie.

Ich klettere vorsichtig nach unten.

„Ich zeige Ihnen noch den Keller", bietet die Maklerin an. Sie öffnet die Kellertüre. Feucht-muffeliger Geruch steigt uns in die Nase.

„Pfui Teufel", sagt mein Mann spontan.

Der Keller erinnert an ein Verlies. Er ist vollgeräumt bis unter die Decke. Ein Teil des Kellers dient als Weinkeller.

„Die Weinflaschen verdoppeln nochmals den Wert des Objekts", sage ich trocken, als ich die wertvollen Etiketten erblicke.

„Die nimmt Frau Brummer selbstverständlich mit", hält die Maklerin der Ordnung halber fest.

Inzwischen ist es neun Uhr. Vom nächsten Interessenten ist weit und breit keine Spur. Wir haben Zeit und gehen nochmals ins Wohnzimmer.

Es gefällt uns beiden nicht, genau so wenig wie die dunkle Küche, die seltsamen Stiegenaufgänge und der muffelige Keller.

„Hier haben Sie die Unterlagen", drückt uns die Maklerin ihre gelbe Mappe in die Hand.

„Ich bin jetzt zwei Wochen auf Urlaub, aber meine Kollegin Frau Hackensattel vertritt mich."

Die eilige Maklerin steigt flugs in ihr Auto und braust davon.

Der nächste Interessent? Existiert nicht.

Wir verabschieden uns von Frau Brummer und verlassen das Haus.

Einmal mehr sind wir froh, nach Hause fahren zu dürfen in unsere schöne, trockene Wohnung. Wir werden leider nicht zu den Kunden gehören, die das Potential des Schmuckkästchens erkennen.

FREEDOM, DIE MAN SICH LEISTEN KANN

Ein paar Tage sind vergangen. Die Reihenhäuser haben meinen Wunsch nach dem eigenen Haus auf eine starke Probe gestellt. Eng. Steil. Muffelig. Ich denke an die Worte meiner Mutter: einzementierte Feindschaft.

Wie gut, dass ich ein neues Objekt für uns gefunden habe. Zuerst bei einem Makler, dann auf einer Seite für private Immobilien.

„Provisionsfrei, mit einem traumhaften Blick in die Berge", versuche ich, meinen Mann davon zu überzeugen, den Samstag für eine Besichtigung zu verwenden.

„Sehen wir es uns an", meint er bereitwillig, weil er weiß, dass er meinem Besichtigungsplan ohnehin nicht auskommt.

Das neue Haus liegt außerhalb, rund eine halbe Stunde vom Stadtzentrum entfernt, wo wir bisher wohnen.

„Der Besitzer hat gesagt, du sollst durch den Ort fahren und dann nach links abbiegen", erinnere ich mich.

„Das Navi hat eine andere Route ausgewählt", erklärt mein Mann und verlässt sich auf die fremde Frau aus dem Lautsprecher. Sie führt uns in die Irre. Offenbar war sie hier noch nie.

Mitten im Wald drehen wir um. Erst beim zweiten Versuch erreichen wir unser Ziel. Am steilen Hang glänzt das froschgrüne Haus in seiner vollen Pracht.

„Es ist zweifelsohne das hässlichste Haus hier in der Siedlung", sagt mein Mann trocken. Normalerweise hält er sich mit solch emotionalen Bewertungen zurück, aber ich muss ihm Recht geben.

„Ist aber letztlich egal, wenn es innen schön ist", sage ich.

Der Besitzer hat in der von außen begehbaren Praxis zu tun, die sich hinter dem Carport befindet.

„Guten Tag, Herr Rackinger", sage ich, als ich das Gesicht aus dem Internet wiedererkenne

„Guten Tag", sagt Herr Rackinger. Er geht barfuß und hat eine Flatterhose an. Sein Körperfettanteil liegt schätzungsweise bei 0,5 Prozent oder etwas darunter.

„Könnte man hier eine Toilette und eine Dusche einbauen, damit eine echte Wohnung daraus entsteht?", erkundige ich mich über den Praxisraum.

„Selbstverständlich", sagt Herr Rackinger, „man kann vom Nebenraum durchbrechen, ich gebe dir die Nummer meines Installateurs. Der Einbau von Toilette und Dusche ist gar kein Problem."

Wir sind beim Du, das ging schnell.

„Und warum habt ihr das damals nicht gemacht?", frage ich.

„Finanzielle Gründe", sagt Udo, „wir planten ursprünglich eine Doppelpraxis. Meine Frau hat sich von mir getrennt."

Ein Scheidungshaus. Schlechtes Omen?

„Ich führe euch mal hinauf ins Haus", sagt Udo und geht die Betonstiege nach oben.

Das Haus ist modern gestaltet, keine Frage.

„Hier rechts war unser Gemüsegarten. Nach der Trennung von meiner Frau habe ich ihn nicht mehr bewirtschaftet", erklärt Udo.

Links geht es ins Haus. Der Vorraum ist quadratisch angelegt. Eine Tür geht zum WC.

„Darf ich hineinschauen?", frage ich.

„Na klar", sagt Udo. Das WC ist hell und freundlich. Und es hat ein Waschbecken. Darmkeime und so weiter sind zumindest hier kein Problem.

„Und diese Tür, wo geht die hin?", frage ich.

„Das ist der Technikraum, den sehen wir uns später an."

Vor uns liegt der Wohnraum. Links die schöne, weiße Einbauküche mit Kochinsel, rechts daneben eine stilvolle Sitzgruppe, weiter hinten das Sofa.

Und dann: Der Blick in die Berge. Trotz des Wetters wäre der Begriff majestätisch wahrhaftig untertrieben. Glorreich. Grandios. Verzaubernd. Beglückend. Wir staunen.

„Ihr habt euch leider einen wolkigen Tag ausgesucht", sagt Udo, aber sogar die Kinder begreifen, dass dies hier wirklich etwas ganz Besonderes ist. Sie sind wie ausgewechselt. Gelöst, befreit, verwandelt. Im Nu nehmen sie das Haus für sich ein und fühlen sich gleich wie daheim, obwohl Udo im Umzugschaos steckt.

„So eine Küche, besser gesagt, so eine Koch-Begegnung, das habe ich mir immer schon gewünscht", sage ich zu meinem Mann. „Hier wird nicht das fertige Essen in einem anderen Raum präsentiert, sondern jeder nimmt an der Zubereitung teil. Wunderbar!"

Ich bin begeistert, und auch meinem Mann gefällt das Haus augenscheinlich sehr gut.

Wir gehen ins Obergeschoss, und spätestens da sind die Kinder nicht mehr zu halten. Der Grund dafür ist, dass jedes der drei schnuckeligen Kinderzimmer über eine eigene Galerie und einen zweiten Stock verfügt.

„Aufpassen!", rufe ich der Kleinen nach, als sie wie ein Wiesel eine der steilen, gewundenen Spartreppen emporsteigt. Die Stufen sind halb ausgelassen, sonst ginge sich das auf die Länge der Treppe nicht aus.

„Links, jetzt rechts, nein, rechts, links, rechts, genau, ...", weist Udo die Mittlere an.

Das Füßesetzen auf einer Spartreppe will gelernt sein. Ich ertappe mich dabei, wie ich kurz daran denke, dass hier ein Kind abstürzen könnte oder die schlafwandelnde Tochter hinunterkracht.

„Alles eine Frage der Übung", beruhigt mich mein Mann. Er scheint Gedanken lesen zu können.

Der Ausblick aus den Zimmern ist entzückend. Und hätte ich 100 Euro dagegen gewettet, diese Wette hätte ich garantiert verloren. Denn am Nachbargrundstück sind tatsächlich Laufenten unterwegs. Die große Tochter ist nicht mehr zu halten. Ihr Traum ist es, selber Laufenten zu beherbergen. Und nun das. Enten. In greifbarer Nähe. Zugegeben, niedlich sind sie ja. Und unsere Hunde? Die hätten bestimmt auch ihren Spaß damit.

Drei Zimmer und drei Galerieaufgänge später stehen wir im Elternschlafzimmer.

„Hier war ein Schrankraum abgetrennt", erklärt uns Udo und zeigt auf die unterschiedlich hellen Bereiche des Bodens.

„Und oben, am Dach, gehört das so?", frage ich mit Blick auf die Verschalung in Form von Holzpressplatten.

„Das kann man anders gestalten", gibt Udo zu, „wir haben es damals aus finanziellen Gründen so gelassen."

Gut, denke ich mir, hat auch seinen Charme. Das Siegel der Modernität erlaubt auch solche Extravaganzen.

Dann folgt das Highlight des Hauses: das Badezimmer. „Bade-Oase" nannte es Udo in seiner Beschreibung, die ich provisionsfrei im Internet gefunden hatte. Und übertrieben hat er damit nicht. Das Bad misst rund 20m², verfügt über eine bodenbündige Doppeldusche, eine Badewanne mit Fenster auf ganzer Länge sowie über eine Sauna für vier Personen. Baden in der Natur, so könnte man es nennen, und über seinen Pfiffikus müsste man sich als Mann auch keine Gedanken machen, denn der Nachbar sei weit weg.

Nicht aber die auf das Haus zulaufende Gemeindestraße, auf der gerade vier bestimmt neugierige Jugendliche auf zwei laut knatternden Mofas den Berg hinaufdampfen.

„Man kann ja mit dem Po zum Fenster aussteigen", erklärt Udo auf meine Frage der Ganzkörperbeschau und macht es angezogen vor.

„Das Bad ist wirklich eine Spezialität", finde ich, und meine Familie stimmt mir zu. Die Kinder spielen Verstecken in der Sauna, die Stimmung ist locker.

Wir gehen wieder hinunter. Der Boden gibt nach.

„Welche Baustoffe wurden hier eigentlich verwendet?", frage ich Udo.

„Es handelt sich um ein Haus in Holzriegelbauweise", erklärt er mir. „Die Tischlerei Malensattel hat es angefertigt, aufgebaut war es in einem Tag."

„Und auf Maß für euch gebaut?", fragt mein Mann.

„Ja, selbstverständlich, das hier ist kein Haus von der Stange", antwortet Udo sichtbar stolz.

„Holzriegel, was genau heißt das bitte?", frage ich nach.

„Da hast du Holz und wieder Holz und dazwischen Dämmung. Vorne und hinten sind Gipsplatten angebracht. Deshalb hört es sich auch überall hohl an."

Udo klopft an die Wand. Wir tun es auch. Hohl, korrekt. Aber vorerst nichts, was uns stören würde.

Wir gehen wieder nach unten.

„Ich zeige euch jetzt die Technik", sagt Udo. Er öffnet eine unscheinbare, in Wandfarbe gestrichene Tür im Wohnzimmer. „Hier befindet sich die Luftfilteranlage der kontrollierten Wohnraumbelüftung."

„Aha", sage ich und werfe einen Blick auf das mit Alufolie umwickelte, dicke Rohr. „Und die Filter, wo sind die und was macht man mit denen?"

„Einmal im Jahr aussaugen und alle paar Jahre austauschen", gibt Udo zur Antwort, öffnet den silberfarbenen Kasten und zeigt mir die einem Staubsaugerbeutel ähnlichen Filtersäcke. Sie sind innen fast schwarz. Dreckige Luft, sogar hier. Direkt neben dem Wald, weit oben, auf den Bergen. Ich hätte schon wieder eine Wette verloren. Erst später kapiere ich dank der elektronischen Satellitenansicht, dass Udos Haus unvermutet nahe der Autobahn liegt. Diese befindet sich nur wenige hundert Meter etwas unterhalb, optisch gut eingewachsen, doch faktisch immer da.

„Und die Filter, die machen dann was genau?", bin ich weiter interessiert.

„Die führen die Luft gezielt zu, hier oben, bei den Löchern mit Gitter davor. Da kommt die erwärmte Frischluft rein."

Jetzt erst fallen sie mir auf, die zahlreichen runden Gitterlöcher nahe der Wandoberkante.

„Psst, seid mal leise", meint mein Mann. Sogar die Kinder sind ruhig, und dann hören wir sie, die Lüftungsanlage.

„Ganz schön laut", findet mein Mann. Ausgerechnet er, der sich sonst nicht an so etwas stört und meiner Musikersicht nach mit Schweinsohren gesegnet ist.

„Man kann die Lüftung programmieren", antwortet Udo. „Wenn du jetzt beispielsweise meditierst von acht bis neun, dann kannst du sie in dieser Zeit abschalten."

Lüftungsgeräusche während der täglichen Meditation sind mit drei Kindern und einem Alltag voller Arbeit derzeit mein geringstes Problem. Aber gut zu wissen, theoretisch.

„Ich zeige euch jetzt den Technikraum", sagt Udo und ist unterwegs in Richtung Vorraum. „Als Verfahrenstechniker habe ich alles bis ins letzte Detail geplant", beginnt er seine Ausführungen. „Das hier ist die Solaranlage am Dach. Normalerweise bringt sie 100 Grad Warmwasser, bei 130 Grad schaltet sie sich ab. Dieser Boiler hier ist für Brauchwasser, das Trinkwasser wird mittels Durchlauferhitzer erhitzt, ist also nie alt."

„Das ist gut", finde ich, auch mein Mann nickt.

„Die Flächen-Erdwärmepumpe holt aus dem Boden die Wärme nach oben und verteilt sie mittels einer träge reagierenden Fußbodenheizung im Haus."

„Aha", sage ich und fühle mich überfordert.

„Wer es im Herbst und Winter rasch warm haben will, heizt sich den dänischen Ofen im Wohnzimmer an", ergänzt Udo. „Generell ist es im Haus eher warm als kalt. Also für jemanden, der bei 20 Grad schon schwitzt, ist das hier nicht das passende Haus."

„Ich friere eigentlich immer", sage ich und freue mich schon auf das warme Haus, sollten wir es kaufen.

„Kommt in den Garten, ich zeige euch den Erdwärmestutzen", fordert uns Udo auf. Ein silbernes Ding, etwas größer als ein Straßen-Poller, ziert den Garten. „Hier, weit unterhalb des Bodens, befindet sich der Flächen-Erdwärmegenerator."

Ich bin beeindruckt. Der yogisch aussehende Udo hat hier wirklich eine technische Meisterleistung abgeliefert.

„Die Planung, das war schon was", erzählt er uns und blickt voller Stolz auf sein froschgrünes Haus.

„Danke, Udo, ich glaube, wir werden jetzt etwas essen gehen mit den Kindern", sage ich. „Was die Finanzierung angeht, wo würden wir uns da treffen?"

„Bei 523.000 Euro", sagt Udo punktgenau.

„Handeln ist nicht?", frage ich ungläubig.

„Also, ich sage, fast nicht. Ich bin im Schweizer Franken, und meine Exfrau muss ich auch noch auszahlen. Das Grundstück hat einen Quadratmeterwert von 300 Euro."

Ich kalkuliere rasch.

„Das heißt, das Haus hast du mit rund 340.000 Euro veranschlagt. Wie viel hat es denn vor neun Jahren gekostet?"

„Ungefähr diese Summe", antwortet Udo.

Das finde ich seltsam. Ein gebrauchtes Haus zum Neupreis? Aus den zahlreichen von mir studierten Sachverständigengutachten bei Zwangsversteigerungen weiß ich, dass es einen Zeitwert für Immobilien gibt. Und kein einziges bislang beobachtetes Objekt hat diesbezüglich eine Wertsteigerung erfahren. Nicht einmal das Luxushotel.

„Nun gut, wir werden uns das überlegen und melden uns wieder bei dir", sage ich abschließend.

Wir bedanken uns und fahren in Richtung Wirtshaus.

Es geht rund zwei Kilometer steil bergab, kurvig durch den Wald, bis man direkt vor der Bushaltestelle landet.

„Mach mal ein Foto vom Fahrplan", sagt mein Mann. Ich habe bereits den Fahrplan des Schulbusses abfotografiert, der fast direkt vor Udos Haus stehenbleibt, und vergleiche nun die Abfahrts- und Ankunftszeiten.

„Bis in die Stadt schaffst du es mit diesem Bus nicht", ist mein Resümee. „Nicht, wenn in der Stadt die Schule um 7:45 Uhr beginnt. Keine Chance."

„Lass uns nochmal genau recherchieren", meint mein Mann, der nicht glauben kann, dass es keine funktionierende Busverbindung ins Gymnasium der großen Tochter gibt.

Selbst nach nochmaliger Durchsicht sämtlicher privater und öffentlicher Busfahrpläne bleibt es dabei: Dieses Haus bietet wunderbare Aussicht – und eine äußerst private Lage.

„Du möchtest nicht, dass deine Tochter durch den Wald per Anhalter die zwei Kilometer nach oben fährt", sage ich zu meinem Mann, da Udo von ähnlichen Praktiken erzählt hat. Mein Mann nickt.

„Das heißt mit anderen Worten, dass ich das tägliche Hol- und Bring-Taxi bin. Mehrfach. Wir haben drei Kinder, und alle haben unterschiedliche Schulen oder den Kindergarten."

In Gedanken sehe ich mich schon mit professionellem Taxischild zum idyllischen Haus kurven und die Nachbarskinder kutschieren. Nichts mehr mit am Herd stehen und auf „Hallo Mama, was gibt's zu essen?" warten.

Doch noch möchte ich meine Begeisterung für das Haus nicht schwinden lassen.

„Lass uns noch einen Test machen in Sachen Lautstärke", schlage ich meinem Mann und den Kindern vor. „Wir suchen ja etwas, wo wir uns nicht mehr so viel auf den Keks gehen. Da ist die Lautstärke im Haus von entscheidender Bedeutung. Ich rufe Udo an, ob wir nochmal vorbeikommen dürfen, in Ordnung?"

Die Familie ist einverstanden.

Auch Udo sagt, das sei kein Problem, und so fahren wir erneut auf 730 Meter Seehöhe.

„Dürfen wir den tragbaren CD-Player von dir ausleihen?", frage ich Udo. Er nickt. Mit Soundmaschine bewaffnet gehen wir ins Obergeschoss.

„Ich schalte das jetzt an, du singst ganz schräg und laut, und dann schließen wir die Tür und ich horche einmal von unten, wie sich das anhört", weise ich die mittlere Tochter an. Sie ist begeistert. Schräges, lautes Singen auf Befehl, das gab es bei ihrer spießigen Mutter noch nie.

Als ich die Tür schließe, gibt es fast keinen Unterschied im Geräuschpegel. Ich schreite die offene Holztreppe hinab, wo Udo und seine Begleiterin Umzugskisten packen und Lampen abmontieren.

„Ganz schön laut", finde ich, und mein Mann stimmt mir zu.

„Im Internet wird das Lärmproblem im Holzriegelhaus heftig diskutiert", flüstert er mir zu.

„Das Problem kann man relativ einfach lösen", meint Udo, der unsere Bedenken ernst nimmt. „Ihr klebt einfach dicke Gipsplatten an alle Wände, die geben viel Masse und dämmen den Lärm."

Die Lösung klingt gut. Auf den ersten Blick. Aber Wohnraum ginge verloren, und die offene Treppe nach oben würde auch durch die dickste Gipswand nicht geschlossener werden.

„Knattknattknattknattknatt", macht es auf einmal. „Knattttknattknatttttttknattknattttttt."

Ein Mofa knattert den steilen Hang hinauf, direkt an Udos froschgrünem Haus vorbei. Der Knatterlärm dringt nahezu ungefiltert an unsere Ohren.

„Dürfte nervig sein auf die Dauer, die Knattermofas", flüstere ich meinem Mann zu.

Wir verabschieden uns und müssen über die Finanzierung des Objekts nicht mehr nachdenken, denn wir werden es nicht kaufen.

„Stopp, Auto!", schreie ich, als mein Mann rückwärts aus Udos steiler Garage ausparkt und ich ihm Anweisungen erteile. Am letzten Zipfel der Welt, und dann im toten Winkel der Gartenmauer fast vom Auto überrollt. Dieser Thrill hat gerade noch gefehlt. Wie gut, dass ich diese Herausforderung nicht täglich suchen muss.

DAS GEISTERHAUS AM EISBACHWEG

Am Sonntag kommt unsere liebe Nachbarin und nimmt uns die Kinder für ein paar Stunden ab.

„Lass uns ...", beginne ich.

„... Häuser suchen", setzt mein Mann vollautomatisch korrekt meine Rede fort.

„Ich habe da ein Objekt für uns, das könnte spannend sein", sage ich. „Allerdings – du weißt ja, Richtungen waren noch nie meine Stärke – bin ich mir nicht ganz sicher, wie das mit der Sonne dort so ist."

„Wo liegt das Haus denn?", fragt mein Mann.

„Eisbachweg, Ortsteil Alt Baumbach", sage ich und denke: Hoffentlich ist der Name hier nicht Programm.

Wir biegen von der Bundesstraße ab und fahren einige hundert Meter in Richtung Berg. Ein Fahrzeug kommt uns entgegen, und wir schieben auf der schmalen Straße etwas zurück.

„Hier wird es unheimlich", flüstere ich und halte mich am Sitz fest. Insgeheim hoffe ich, dass der Motor nicht aufgibt. Es rumpelt, und wir sitzen mit dem Unterboden auf.

„Huch!", rufe ich.

Weiter führt uns der Weg vorbei an topschick renovierten und neugebauten Protz-Villen. Nun kommt eine Doppelhaus-Siedlung, rechts davon der Waldrand.

„Wo genau soll das sein?", erkundigt sich mein Mann.

„Am Ende des Eisbachwegs", antworte ich.

Die Straße schlängelt sich weitere 50 Meter den Berg entlang, und dann erblicken wir es: das Geisterhaus am Eisbachweg.

Mein Mann fährt den schweren Wagen direkt in die Einfahrtsstraße. Morsches Holz kracht unter den Rädern. Ich steige aus.

„Das ist tatsächlich ein Sanierungsfall", lautet mein Befund.

Ich krame mein Tablet aus der Tasche und lese die Beschreibung des Maklers nochmals laut vor: „Das Grundstück liegt in sehr idyllischer und relativ ruhiger Naturlage am Fuße des Berges am Ende des Eisbachwegs. Die Grundstücksgröße mit einem Ausmaß von 1416m² bietet einzigartige Großzügigkeit in bewaldetem Umgebungsbereich."

Unweit von mir heult ein Tier auf. Ich zucke zusammen. Mutig gehe ich die 13 Stufen hinauf bis zum abbruchreifen Haus. Die Türe ist mit Spinnweben übersät. Durch die Terrassentüre sieht man die ehemalige Einrichtung. Stühle, Sofa, Schrank, Uhr. Hier ist die Zeit stehen geblieben. Ob vielleicht irgendwo noch eine halbverweste Oma herumliegt? Es muffelt.

„Die Heiligen Drei Könige waren zuletzt vor drei Jahren zu Besuch", ruft mein Mann von unten.

„Kellergeschoss: Garage, Technikraum mit Windkessel und eigenem Hausbrunnen", lese ich leise für mich in der Beschreibung auf meinem Tablet, „2 Zimmer, Bad/WC. Der Heizraum mit Zentralheizungskessel für Festbrennstoffe ist von außen zugänglich ..."

„Kniiiiiiirrrrrschhhhh", tönt es höllisch unangenehm und fährt mir durch Mark und Bein.

„Was ist das?", rufe ich verängstigt.

„Ach, nichts, ich habe nur versucht, diese Holztür hier zu öffnen", antwortet mein Mann. „Geht aber nicht ganz auf."

„Musst du mich so erschrecken?", rufe ich zu ihm runter.

Modergeruch umströmt mich, wohin die Nase reicht. Was nicht vermodert ist, sieht verschimmelt aus. Desolat ist kein Ausdruck für die Reste dieser Behausung, wenngleich sie einmal recht nobel gewesen sein mag.

Ich frage mich, wer hier gewohnt haben mag. Direkt am Waldrand, jenseits von Gut und Böse. Wobei: Das Böse ist durch die Bäume hörbar, denn der Lärm der Bundesstraße dringt auch in den Eisbachweg. Dennoch fühle ich mich unweigerlich an den Film „Shining" erinnert und sehe geradezu irgendwelche Meuchelmörder hinterm Haus hervorkommen.

„Weg hier!", erteile ich meinem Mann den Befehl für den Rückzug.

Wir laufen schnurstracks zum Auto. Rumms, die Tür ist zu. Gut so. Die Räder drehen durch und wir sind weg.

„450.000 Euro für ordentliches Gruseln", sage ich zu meinem Mann, „das ist ja auch nicht ohne, oder?"

Er nickt. „Schau mal, die Zufahrtsstraße hier heißt Wurmlochstraße. Es wird also extra für dich noch schauriger. Huhuuuu!"

„Hör auf, mich zu ärgern!", schimpfe ich ihn und halte mir die Hand vor die Augen. Durch die halboffenen Finger sehe ich, wie uns die Bewohner des Hauses gegenüber argwöhnisch beäugen. Fremde im Wurmloch, das passt gar nicht. Wie gut, dass wir uns bald davongeschlängelt haben und das Weite suchen.

GEGEND-CHECK, SINNBEFREIT

„Lass uns bis halb sechs noch ein wenig die Gegend abfahren", schlage ich meinem Mann vor.

„Gute Idee", meint er. „Wohin zuerst?"

„Richtung Friedhof", bestimme ich, „Nobelgegend, wie man sagt."

Der Friedhof ist groß. Schräg davor zweigt eine Straße ab, und die Häuser werden fühlbar teurer. Groß, mächtig, ein Werk der Lebenden mit guter Besoldung.

„Das letzte Hemd hat keine Taschen, sagt meine Mutter doch immer", erkläre ich meinem Mann.

„Und das vorletzte den Kreditvertrag von der Bank", lacht er.

„Sieh nur, das Haus hier! Scheint leer zu stehen."

Wir halten an. Das Haus liegt inmitten der Bonzengrundstücke und ist augenscheinlich unbewohnt. Es hat zwei Vollgeschosse mit schätzungsweise je 100m², wenn nicht mehr. Bei genauerem Hinsehen offenbaren sich allerdings gewisse Mängel. Vom vermuteten Grundstückspreis einmal abgesehen.

„Das Dach, das muss gemacht werden", sage ich kühl. „Und überhaupt: Scheint eine gute Sparkasse zu sein. Würde ich mir nicht zutrauen. Weiter bitte."

Eine winzig kleine Einbahnstraße führt uns parallel zum Friedhof vorbei an weiteren schmucken Häusern mit ebenso schmucken Automobilen vorn dran. Man hat Geld, oder sich zumindest welches geborgt. Die Aussicht geht vorne in die weitläufige, grüne Natur und hinten direkt auf den Friedhof.

„Hier, Gartentrampolin", zeige ich auf einen der noblen Gärten. „Und bei jedem Hüpfer stechen dir die schmiedeeisernen Kreuze ins Blickfeld. Keine Option, nicht mal geschenkt. Leichensaft und Vampirduft. Die Große hat gesagt, keinesfalls mit Blick auf den Friedhof, weiterfahren bitte."

Wir verlassen das zeitlose Areal und erreichen den nächsten Stadtteil.

„Achte auf die Bahn", sagt mein Mann zu mir. „Die ist hier der ständige Begleiter."

„Und die Bundesstraße", ergänze ich und deute auf ein Haus, das unmittelbar neben dem vielbefahrenen Asphalt liegt.

„Oh mein Gott", entfährt es mir, als ich sehe, dass die Neubauvilla direkt unterhalb einer Hochspannungsleitung situiert ist. „Wie kann man nur? Rechts die Straße, oberhalb die Hochspannung und links die Bahn. Grauenvoll."

„Dafür haben sie auch Steinsärge links und rechts", stellt mein Mann fest.

Wir erreichen eine kleine Siedlung mit niedlichen Einfamilienhäusern. Streng abgemessen liegt hier Gärtchen an Gärtchen, und sogar die Zucchini halten sich an die Raumordnung und wachsen pfeilgerade empor.

„Wie spießig", sage ich, „da hörst du ja die Raupen husten."

„Spießig findest du das? Ich finde das eigentlich ganz nett", sagt mein Mann.

„Ratta rattatata rattatatat", macht die Bahn, als sie vorbeifährt.

„Das Haus da drüben, das kenne ich aus einer Bildbeschreibung", rufe ich. „Schau mal, unglaublich, direkt neben der Bahn!"

„Da kann man vom ersten Stock des Hauses aus auf die Oberleitung pinkeln", amüsiert sich mein Mann.

„Also bitte!", ermahne ich ihn ob der derben Ausdrucksweise.

Wir fahren noch eine Weile herum, sehen dies, sehen das. Kehren abermals desillusioniert in unsere Wohnung zurück und nehmen unsere Kinder in Empfang. Sie waren im Spielzeugmuseum und haben Hausbauen gespielt. Wenigstens ein konkreter Aspekt im Rahmen unseres Projekts.

Als die Kinder im Bett sind, genehmigen wir uns ein Glas Wein.

Etwas verzweifelt suchen wir sinnbefreite Objekte jenseits von Gut und Böse.

„Wie wäre es mit einer Almhütte im Luckertal?", schlage ich meinem Mann vor. „Aufgeschlossen, Senkgrube, nahezu völlige Alleinlage."

Er sieht sich die Bilder an und meint: „Und der Campingplatz links unten? Alleinlage?"

Ich lache. „Es steht hier ‚nahezu völlige Alleinlage'. Dafür hast du ein Objekt in der roten Gefahrenzone, das bekommt man auch nicht alle Tage."

„Hotel mit 67 Betten nahe der Skipiste", liest mein Mann aus einem anderen Inserat vor. „Können wir haben für schlappe 3,5 Millionen Euro."

„Das zahlen wir aus der Portokasse", bestätige ich.

„Umfangreiche Renovierungsarbeiten notwendig zur Freilegung der zugemauerten Kreuzgänge", zitiert mein Mann aus einer weiteren Objektbeschreibung.

„Freilegung der was?", frage ich nach.

„K-r-e-u-z-g-ä-n-g-e", buchstabiert mein Mann. „Unser neues Schloss. Das älteste Gebäude des Ortes. Denkmalschutz."

„Denk mal nein", sage ich und verabschiede mich ins Bett.

„Die Eigenjagd willst du auch nicht?", ruft er mir nach. „Nur 1,09 Euro pro Quadratmeter. Neun Millionen Quadratmeter. Mit 400m² Bauernhaus, das vom jetzigen Eigentümer bereits entkernt wurde und nur noch fertiggestellt werden muss. Der Vorteil ist, dass du vom einen auf den anderen Hang zielen kannst, mit Graben dazwischen. Das ist ideal für Anfänger wie uns!"

Ich freue mich. Auf die Eigenjagd in meinem Traumschloss. Für null Euro pro Quadratmeter. Und falle todmüde ins Bett.

ERBSCHAFTEN UND ERBSCHLEICHER

Montag. Mein Mann ist im Büro. Ich grüble. Es sind Ferien, und wir machen mit der Nachbarin einen Spaziergang.

Sie weiß um meinen Wunsch, ein Haus für die Familie anzuschaffen, und kennt sich in der Nachbarschaft erstaunlich gut aus. Immerhin wohnt sie schon 20 Jahre länger hier als wir.

„Soll ich dir über dieses Haus etwas erzählen?", beginnt sie, als wir an einem top restaurierten Objekt vorbeikommen.

„Klar", sage ich, und auch die Kinder lauschen gespannt.

„Der Besitzer hatte eine alte Dame auf Leibrente in seinem Haus. Der haben sie dann das letzte Eckchen Garten im Schatten zugeteilt und die Dame wurde sehr unglücklich. Zum Glück siedelte sie um, und zwar in eine Wohnung, wo sie 97 Jahre alt geworden ist. Fernab der neuen Hauseigentümer."

„Und die Miete für die Wohnung?", frage ich.

„Die mussten die neuen Eigentümer zahlen", antwortet meine Nachbarin.

„Klingt logisch", sage ich. „Das Haus daneben haben sie von der Oma geerbt, oder? Der Hauseigentümer sagte mir mal so etwas in der Art, als ich ihn fragte, wem das denn gehöre.",Ach, woher denn!", ruft meine Nachbarin. „Da hat er den Nachbarinnen, es war ein lesbisches Pärchen, einmal die Hecke geschnitten, und als die verstorben sind, hatte er schon das zweite Haus für fast nichts geschenkt bekommen."

„Im Ernst, so ist er dazu gekommen?"

Ich bin enttäuscht. Gerade dieses zweite Oma-Haus habe ich jahrelang besucht, um ihm zu sagen: Komm zu mir, du bist mein Haus. Allerdings hatte ich nie einem lesbischen Pärchen die Hecke geschnitten. Wenn ich das mal bloß getan hätte.

„Und die Geschichte zu diesem Haus, willst du die auch hören?", fragt meine Nachbarin, als wir nicht viel weiter an einem weiteren, wirklich wunderbaren Objekt mit riesigem Garten vorbeikommen.

„Wieder so eine Geschichte?", frage ich vorsichtig nach.

„Viel übler", antwortet meine Nachbarin. „Die Besitzerin hatte eine Affäre mit demjenigen, dem sie das Haus geschenkt hat. Die Frau des Beschenkten kam dahinter, und er meinte zu ihr, er habe es nur für sie getan."

„Eh klar", sage ich.

„Das Paar hatte sieben Söhne. Er wollte für jedes Kind ein Haus. Das hat er inzwischen auch geschafft."

„Von sieben verschiedenen Affären?", wundere ich mich.

Meine Nachbarin lacht. „Das weiß ich nicht, aber diese eine Liaison, die ist im ganzen Stadtteil bekannt. Übrigens wollte die Affäre das Haus wieder zurückhaben und zog vor Gericht. Sie verlor aber und starb wenig später an Krebs."

„Wie traurig", sage ich.

Leibrente, Affären, tote Häuser und große Gärten.

Meine Nachbarin packt noch weitere haarsträubende Geschichten über diverse Häuser aus, deren Details ich mir gar nicht alle merken kann. Letztlich habe ich das Gefühl, dass so ziemlich alle Häuser der Gegend über linke Tricks den Besitzer gewechselt haben.

Ob wir auch auf ehrliche Art und Weise unser Haus finden können?

HAUSSUCHE AM STANDSTREIFEN

Wenngleich die Hausvermachungen in der Stadt teils höchst dubios sein mochten, so würde es draußen, am Land, bestimmt viel sittsamer zugehen. Denke ich mir und hege wieder einmal Hoffnungen auf ein gemauertes Eigenheim mit Garten drumrum.

Spätnachmittags packe ich deshalb die Kinder ins Auto. Auf einer privaten Immobilien-Plattform habe ich ein halbes Doppelhaus gefunden. Es liegt etwas außerhalb, ungefähr 20 Kilometer.

„Wir fahren jetzt nach Gockelhausen", sage ich zu den Mädchen. „Nehmt euch etwas zum Lesen mit, es kann länger dauern, denn wir kommen in den Feierabendverkehr."

Ich hätte früher losfahren können, doch ich will bewusst auskundschaften, wie viele Pendler zur Rush-Hour in Richtung Gockelhausen unterwegs sind. Der Ort liegt in einem bekannten Naherholungsgebiet, und zahlreiche Familien haben sich, vor den überzogenen Preisen der Stadt flüchtend, hier niedergelassen. Die Familienväter natürlich auch, wobei sich die eher im Auto niedergelassen haben, das sie auf dem Weg in die Stadt und zurück täglich rund eineinhalb Stunden bedienen dürfen.

Wir kommen zügig voran, als das Navi die Autobahnabfahrt rot einfärbt. „Wie zu erwarten", denke ich mir und bremse gerade noch rechtzeitig, als ich den Vordermann auf dem Standstreifen stehen sehe. Rund einen Kilometer vor der Autobahnabfahrt ist erst mal Schluss mit Weiterkommen.

„Puh, wenn man hier jeden Tag wieder nach Hause fahren muss, ist das sicher nicht lustig", sage ich zu den Mädchen und schalte zur Vorsicht den Warnblinker ein. „Wummmms brrrrrrr wummmmmmm brrrrwwwwww", macht es draußen, und die geradeaus weiterfahrenden Autofahrer donnern mit 150 Sachen links an uns vorbei. Es ist ein unangenehmes Gefühl, auf die Lenk-Präzision von fremden Menschen angewiesen zu sein, während man hilflos am Standstreifen auf das Weiterkommen warten muss.

Ich bin deshalb mehr als froh, als wir die Autobahn unbeschadet verlassen haben. Wir schlängeln uns hinter den anderen Sich-Schlängelnden in Richtung Gockelhausen und fahren dann endlich von der Hauptstraße links ab. „Nun halb rechts in die Gorillastraße, nach 200 Metern links abbiegen in die Fasanenstraße", weist mich das Navi an. Links, rechts, halbrechts, halblinks – eine gefühlte Ewigkeit später haben wir das Ziel erreicht.

Das gesuchte Doppelhaus liegt auf der linken Seite in einer Kurve und ist alles andere als charmant. Es besitzt einen einzigen Eingang und eine gemeinsame Garage. Zudem hat es einen gemeinsamen Garten und eine gemeinsame Bank.

„Da gibt es bestimmt Streiterei, wer in welche Hälfte des Gartens darf", meint die mittlere Tochter. Ich sehe es ähnlich.

„Und wer welche Äpfel pflücken darf", ergänzt die große Tochter. Genau in der Mitte des Gartens befindet sich ein abgestützter Apfelbaum.

„Ist doch ganz einfach", sage ich. „Die Äpfel bekommt der, an dessen Säule die Halteschnur für den Baum angemacht ist, seht ihr?"

Fast durch den ganzen Garten zieht sich eine höchst professionell aussehende, an eine Stolperschnur erinnernde grüne Leine, die abenteuerlich den überladenen Apfelbaum fixiert.

Die Besitzer sind offenbar alle ausgeflogen. Ich versuche, einen Blick durch die Fenster zu erhaschen, und bleibe mit der Nase an Spinnweben hängen. Erschrocken weiche ich zurück und sehe es als Zeichen, hier nicht weiter herumzuschnüffeln. Die dicht auf dicht wohnenden Nachbarn lugen schon durch die Vorhänge, und drei Frauen, die sich auf der Straße unterhalten, fangen an, hinter vorgehaltener Hand zu tuscheln.

„In der Anzeige stand, man könne hier zwei Wohnungen zusammenlegen. Und das Dachgeschoss ausbauen."

Ich blicke nach oben. Kein Mensch hat in dieser Gegend sein düsteres, mit Holz verschaltes Dachgeschoss ausgebaut. Aber im Inserat macht sich so ein Hinweis natürlich gut. Da hilft es auch nichts, dass wieder einmal ein dänischer Ofen im Wohnzimmer steht und die außergewöhnliche Raumhöhe eine laut Anzeige elegante Anmutung hat.

„Lasst uns hier wegfahren", sage ich zu den Mädchen und lege den Rückwärtsgang ein. Die Ausfahrt ist eng. Sehr eng.

„Dafür, dass wir hier fast am Ende der Welt in Gockelhausen sind, ist die Zufahrt aber ziemlich schmal", stelle ich fest. Im Schritttempo kurve ich durch die Spielstraße und finde keinen Ausgang zur Hauptstraße. Irgendwann sind wir dann doch draußen. Und erleichtert. In Gockelhausen wird kein Hahn nach uns krähen.

Als wir wieder zu Hause angekommen sind, blicke ich auf die Uhr. Satte zwei Stunden waren wir unterwegs. Einmal aussteigen und einmal tanken abgezogen saßen wir rund 90 Minuten nach und von Gockelhausen im Auto. Jeden Tag diese Strecke zu fahren ist ein Wahnsinn, denke ich mir und bedauere alle Familienväter, die pendeln müssen. Zumindest alle, die in ein halbes Doppelhaus mit halbem Apfelbaum und halbem Eingang pendeln, dessen Garage für zwei Autos gerade einen Tick zu klein ist.

HAUSHÄLFTE MIT HALBGARTEN

Die halben Häuser haben es mir angetan. Schon wieder bin ich über eines gestolpert und möchte erfahren, was es kann. Diesmal nehme ich meine Nachbarin mit, denn vier Augen sehen halbe Häuser besser als zwei. Ach ja, und noch eines: Das neue halbe Haus ist nicht mehr an der letzten Schwanzfeder eines Gockels, sondern in allerbester, feinster Stadtlage. Der Bus ist nur einige hundert Meter entfernt, die Grundschule ebenfalls nur rund zwei Kilometer – perfekt für die morgendliche Bewegungs-Einheit!

Wir fahren zur Adresse, die uns der Makler telefonisch genannt hat. Er selbst kann leider nicht dabei sein (erst morgen, aber wer weiß, ob wir ihn dann überhaupt noch brauchen), daher habe ich ihn im Vorfeld schon bestens ausgequetscht. Damit ich nicht wieder einen Bauchfleck lande und vor lauter Immobilienenttäuschung depressiv werde.

Was ich ihn nicht alles gefragt habe. Natürlich meine Standardfragen: Wer verkauft (ein Anwalt), und warum (die Tochter studiert jetzt in einem anderen Land und Papa geht mit). Wie lange das halbe Haus schon im Angebot sei (seit rund zwei Monaten) und ob es schon sehr viele Besichtigungen gegeben habe (nicht sehr viele, aber viele). Ob die Lage ruhig (ja, sehr ruhig, am Ende einer Sackgasse) und kinderfreundlich sei (ja, es handle sich überhaupt um die kinderfreundlichste Ecke der Stadt und um die allerbeste Grundschule). Wie groß das Grundstück sei (rund 200m², aber man könne eine kleine Parzelle gegen kleines Geld von der Nachbarin dazupachten) und ob es sonnig sei (es sei nicht sehr sonnig, aber auch nicht sehr dunkel, man müsse es sich ansehen).

Sogar eine neue Daumenschraube hatte ich im Programm: Ob er, der Makler, es für sich selber kaufen würde (**Pause** **Pause** Er? Kaufen? Er würde freilich auch liebend gerne in dieser Gegend wohnen. Und hätte es einem befreundeten Kunden schon dringend empfohlen).

Alles in allem sind die Antworten des Maklers zumindest nicht klar negativ ausgefallen, und Fakt ist: Wir stehen vor dem Haus. Vor dem halben Haus, dem Doppelhaus. Die Wände sind doppelt gemauert, das hat der Makler schon gesagt. Die Tochter des Besitzers habe Klavier gespielt, davon habe man nie etwas gehört, und in den vielen Stunden, in denen sich der Makler dort schon aufgehalten habe, habe er auch noch nie Lärm vernommen.

Tatsächlich, wir nicken: Es ist ruhig.

„Wooofffff woffff woffff wofffff."

Mit einem Donnerschlag ist die Ruhe hinweg. Im Nachbargarten sind gleich zwei langhaarige Schäferhunde, die uns bedrohlich anfletschen.

„Gutzi, Mutzi, kommt's her. Los jetzt!"

Die Besitzerin ist sichtlich darum bemüht, Gutzi und Mutzi Manieren beizubringen, aber die scheren sich einen feuchten Dreck darum. Ich bin froh, dass der Zaun hoch genug zu sein scheint und male mir gerade in Gedanken aus, wie es wohl wäre, wenn Gutzi und Mutzi das erste Mal zu Besuch kämen, während mein kleinstes Kind unbeobachtet im Garten Sand spielt, weil wir ja dann endlich einen Garten hätten.

Da wir den Makler nicht im Gepäck haben, nütze ich die Gelegenheit, um mich bei Gutzi-Mutzis Halterin vorzustellen.

„Entschuldigung", rufe ich quer über den Zaun, „das Haus hier wird doch verkauft. Dürfte ich Sie ein paar Dinge fragen?"

„Aber selbstverständlich *wooofffff woooooffff woooooffffff* Gutzi, Mutzi, aus!"

„Ähm, also, ..." Ich weiß nicht recht, wie ich anfangen soll, denn die Hunde beanspruchen meine ganze Aufmerksamkeit. „Wie ist denn die Lage so?", beginne ich.

„Vorzüglich!", schwärmt die Nachbarin. „Ruhig, zentral, und zur Schule sind wir früher auch alle gegangen. Wissen Sie, ich bin von hier, meinen Eltern gehört das Grundstück, und wir haben neben ihrem Haus angebaut."

Ich luge neidisch durch den Zaun.

Woooofffff wooofffffff woff woff woff

Weit lehne ich mich nicht hinüber, denn sonst laufe ich Gefahr, auf Kollisionskurs mit den beiden Langhaarschreckschrauben zu gehen. Aber selbst aus der Distanz erstarre ich vor Neid. Das Haus der Nachbarin ist ungefähr doppelt so groß wie das halbe Doppelhaus. Und der Garten ungefähr zigfach so großzügig.

„Ich habe gelesen, dass man bei dem Doppelhaus einen Teil des Gartens dazupachten muss. Stimmt das?", frage ich.

„Ja, richtig", sagt die Nachbarin, „aber die Dame, die den Grund verpachtet hat, wird ihn vielleicht nicht mehr hergeben. Sie war verschnupft, weil man ihr nicht gesagt hat, dass das Haus verkauft wird."

Klingt nach ersten Unstimmigkeiten, wobei ich die Verpächterin noch nie gesehen habe.

„Um wie viel gepachteten Grund handelt es sich denn?", frage ich vorsichtig.

„Ein Stückchen, vier Meter breit und drei Meter lang."

12 Quadratmeterchen Ärger, sozusagen. Ich stelle mir vor, wie es ist, wenn der besagte Grundanteil nicht mehr zum Garten des Doppelhauses dazugehört, und komme bei meiner Blickkontrolle an einer schweinchenrosagestrichenen Garage nebst einer dort aufgehängten Leiter vorbei. Die Aussicht ist wenig romantisch, und die Vorstellung, dort seinen Feierabend zu verbringen, ebenso.

„Was ist denn das hier?", frage ich und deute auf die Stromkabel, die aus sämtlichen Fenstern im Erdgeschoss hängen.

„Er hatte wohl vor, elektrische Rollläden zu installieren", meint die Nachbarin, „aber an der Nordseite des Hauses ist es ohnehin dunkel, die braucht man hier eigentlich nicht."

Nordseite, wie langweilig! Mein Mann hätte das sofort überrissen. Ich brauche länger und finde erst gemeinsam mit der Nachbarin heraus, dass das Grundstück eigentlich nie wirklich sonnenbeschienen ist.

„Ich bekomme schon seit Jahren nicht mehr genug Licht für Obst und Gemüse", erklärt die Nachbarin nüchtern. Die mit dem zigfach größeren Grundstück.

Meine Träume, ein florierendes Hochbeet anzulegen, verflüchtigen sich: Ohne Sonne keine Ernte. Und auf dunkle Zimmer in einem halben Haus habe ich auch in bester Stadtlage keine Lust.

„Und das Gartenhaus, kann man das zu einer Garage umbauen?", möchte meine Nachbarin von der Hundenachbarin wissen.

Wooof wofff wofff wofff

„Das ist illegal errichtet. Wenn es mir nicht mehr passt, muss es abgerissen werden. Garage? Nein, keinesfalls! Ich bekomme ja so schon kein Licht mehr."

Wenn das Objekt einen Dunkelkammerpreis bekommen hätte, es hätte mich nicht gewundert.

„Schau mal", sage ich zu meiner Nachbarin, „das einzige Zimmer, das halbwegs hell zu sein scheint, hat Sichtschutz. Ist wohl das Badezimmer."

„Ja, ziemlich bescheuert", merkt meine Nachbarin an.

Wir verabschieden uns vom Hundelärm und der zugehörigen Besitzerin und ich fahre beim rückwärts Ausparken fast gegen einen Masten.

„Das wäre teuer gewesen", denke ich und zuckele dann ganz vorsichtig die Spielstraße entlang. Vorbei an wunderschönen Einfamilienhäusern mit großen, sonnigen Gärten.

„Woffff wofff woooofffff", höre ich aus der Ferne und weiß, dass der Makler wegen mir nicht mehr zu dieser Adresse zu kommen braucht.

DIE ANGEL IM FISCHTEICH

Es muss etwas geschehen, denke ich mir. Und angle im Fischteich. Spätabends schreibe ich so ziemlich alle Makler an, die mir sinnvoll erscheinen, und bitte um Angebote.

Ich tippe am Tablet, was ich nur ungern tue, und vergesse, meinen ersten, mühsam getippten Aufruf zu kopieren. Der zweite Schrieb fällt schon kürzer aus, und ab Makler Nummer drei (weil ich schon wieder vergessen habe, den Text zu kopieren) schreibe ich nur noch wenige Worte in Kleinbuchstaben:

„budget 500.000. haus mit garten. 5 personen. angebote bitte. danke."

Die zwei Hunde erwähne ich nicht einmal, um die Suche für uns alle einfacher zu gestalten.

Am Morgen klingelt mein Handy. Der erste Makler ist dran. Na bitte, es geht doch!

„Vielen Dank für Ihre Anfrage", sagt er, „das ‚Haus Paradies' könnte für Sie interessant sein."

„Paradies, wer will da nicht leben!", sage ich und lächle still in mich hinein. Wenn ein Makler paradiesische Zustände beschreibt, dann – aber nein, nicht gleich so vorurteilsbehaftet. Erstmal das Exposé kommen lassen. Wusch, schon landet es in meiner Inbox. Nach der obligatorischen Rücktrittsverzichtserklärung flimmert mir das Paradies schon auf den Schirm. Es liegt laut Internet-Landkarte im Industriegebiet des hässlichsten aller Vororte, und zwar im hässlichsten Teil des hässlichen Vorortes. Der Makler bietet es für 521.000 Euro an. Aber ist es nicht verdächtig, dass bereits der erste Kommentar „Der Preis ist verhandelbar" lautet? Bürschchen, ich ahne den Betrug.

Nun bin ich aber auf das Haus selber gespannt. Und staune nicht schlecht, denn die Fenster der Garage sind tipptopp. Selten so eine noble Garage gesehen. Der Rest des Hauses könnte als unwohnlich-uncharmant beschrieben werden. Selbst mit meiner Begeisterung für das

Pimpen von Wohnraum komme ich beim vorliegenden Objekt an den Rand meines Vorstellungsuniversums, was das Heimeligmachen angeht. Mein Urteil ist hart und eindeutig: Eine Tatsachenbesichtigung kann man sich hier sparen.

Wenig später klingelt das Telefon erneut. Der Makler einer großen Kette ist dran und bedankt sich allerhöflichst für mein Nachfragen. Dann legt er auch schon auf, nicht ohne vorher den Hinweis gegeben zu haben, dass sich alles in der Inbox befände.

Tut es auch, klick klack. Und, oha! Sogar eine Video-Präsentation wird geboten. Nun ja, nicht ganz, denn das Einzige, was man hier sieht, sind animierte Fotos, die über den Bildschirm schweben. Aus dem Off hört man eine sonore, höchst professionelle Männerstimme, die Fakten aus dem Exposé vertont:

„Wollen Sie in der Stadt wohnen und dennoch in schönster Ruhelage? In diesem Domizil können Sie die Seele baumeln lassen und sich vom Stress des Arbeitstages erholen. Der große Garten empfängt Sie mit üppigem Grün ..." Und so weiter. Mich interessiert die Lage, und wenige Sekunden nach dem ‚Klick' auf den Ortungsdienst kenne ich mich aus: Am Fuß des Turmberges befindet sich die Bahnstrecke, genau daneben die Bundesstraße. Und direkt dahinter – das Haus.

Der Verkehr ist ein Jammer für das Haus, denke ich mir und stelle mir vor, welch bevorzugte Lage es wohl zu früheren Zeiten gehabt hat.

Aber wir leben nun einmal heute. Und ich selbst würde ebenfalls nicht gerne eine weit entfernte Besichtigung machen, wenn mich das Auto nicht bis vor die Tür brächte.

Mein Auto. Unsere Autos. Aller Autos. Amen.

Man sollte das „Auto Unser" formulieren. Unsere täglichen Abgase gib uns heute. Und vergib uns unseren Schrott, wie auch wir vergeben unseren Stinkern. Denn Dein ist die Straße, und die Tankstelle, und der Reifenwechsel. In Ewigkeit. Auto.

Aber klar, es geht auch ruhiger. Ein drittes Exposé wird in meinen elektronischen Postkasten geworfen. Romantisch, am Bach. Nahe einer bekannten Erholungsgegend. Diese Gegend kennen wir, sie ist lauschig. Allerdings waren wir bislang auch immer nur zu lauschigen Zeiten da. Unwetter haben wir dabei gemieden.

Die Details der Maklerbeschreibung sind erhellend und diesmal tatsächlich entwaffnend ehrlich: Teile des Gebäudes liegen in der roten Gefahrenzone. Überschwemmungsgefahr! Das Haus ist feucht, rissig, etwas windschief. Mit einem Wort: Das berühmte Fass ohne Boden. Doch der Hammer kommt zum Schluss: Es liegt ein Fruchtgenussrecht vor. Und ein grundbücherlich verbürgtes Veräußerungsverbot. Von wem eigentlich?

Mir zu kompliziert. Der Fluss als Räuber meiner heiligen Nachtruhe hätte mir schon gereicht. Ich klappe den Laptop zu und gebe mich für heute geschlagen.

DER HALBE SCHREIBTISCH

Nachmittags treffe ich meine Nachbarinnen im Hof. Die Kinder spielen friedlich in der Sandkiste und schaukeln, was das Zeug hält. Es herrscht eine geradezu beschauliche Stimmung. Man könnte fast schon von ländlicher Idylle sprechen, obwohl wir uns hier in ruhiger, zentralster Stadtlage befinden.

Wie so oft erzähle ich von meinem Wunsch, ein Haus zu kaufen. Stadt, Land, egal. Irgendwo. Nur ein Haus soll es sein. Okay, inzwischen habe ich Objekte ausgesiebt und weiß: Eine Bushaltestelle muss fußläufig erreichbar sein. Sonst: Taxidienst. Und ein Ort, der sollte auch halbwegs in der Nähe sein. Sonst: Vereinsamungsgefahr. Und die guten Freundinnen, die sollten auch nicht am anderen Ende der Welt leben, sonst: Sehnsuchtsgefahr.

Eine dieser Freundinnen meldet sich zu Wort: „Ich hab eine Lösung für dein Problem."

„Ach wirklich?", frage ich.

„Wie wäre es, wenn du deinen Arbeitsplatz verlegst? Mein Mann arbeitet in einem Miet-Büro, Großraum. Da ist derzeit etwas frei."

„Aha", sage ich und bin erst mal aus der Spur. Immerhin hatte ich mit einem Hausangebot gerechnet und nicht mit einer Arbeitsofferte.

„Wenn du dein Büro räumst, hast du in der Wohnung ein Zimmer frei. Und außerdem ist es gut, wenn du öfters unter Leute kommst", setzt die Freundin nach. „Du bist selbstständig und arbeitest von zu Hause aus. Da muss man ja miesepetrig werden."

Danke, denke ich mir. Was für ein glorreiches Angebot. Obwohl – sie trifft gerade irgendwie den Nagel auf den Kopf, oder? Ist vielleicht tatsächlich meine schlechte Laune schuld an der Haussuche und nicht unsere schöne Wohnung?

„Ihr habt doch gerade erst umgebaut", meint die andere Freundin, „warum wollt ihr denn da ausziehen? Ihr habt doch schon fünf Zimmer.

Wenn die Kinder draußen sind, hockst du dann alleine im großen Haus.
"
„Stimmt", meint die erste Nachbarin. „Außerdem wollen wir nicht, dass ihr hier weggeht."

Ich bin gerührt. Die Nachbarinnen mögen uns.

„Hm. Was ist das mit dem Büro?", frage ich nach.

„Da fragst du am besten meinen Mann", sagt die erste Nachbarin. „Ruf ihn an. Seine Nummer hast du ja. Er kann dir das genau erklären."

Ein Großraumbüro ist zwar so ziemlich genau das Gegenteil vom eigenen Haus mit Garten, aber viele Wege führen nach Rom, und wer weiß, wo mich dieser kleine Umweg hinführen würde.

Ich rufe Daniel an.

„Servus", begrüße ich ihn, „entschuldige bitte, dass ich dich in der Arbeit störe. Aber Manu meinte, bei euch sei ein Büroplatz frei. Und dass ich mal raus sollte."

„Ja, super Idee!", freut er sich. „Ich hab schon mit unserer Vermieterin gesprochen. Das kleine Einzelbüro ist leider gerade vermietet worden, aber neben mir ist noch ein halber Schreibtisch frei. 250 Euro im Monat, alles inklusive."

„Und wo genau ist das?", frage ich.

„Gleich neben der Sporthalle. Du kannst mit dem Rad von uns aus hinfahren, das sind nur 15 Minuten, und du bist gleich mal an der frischen Luft."

„Also ein halber Schreibtisch für 250 Euro", fasse ich das Angebot zusammen. „Das heißt, mit Absperren und so ist dann nix. Da grabbelt dann jeder dein Zeug an, wenn du es liegen lässt. Den Computer, lässt du den dort?"

„Nein, den nehme ich immer mit", sagt er.

Gedanklich überlege ich die künftige Situation mit halbem Miet-Schreibtisch: Ich müsste rund eine halbe Stunde Wegzeit einkalkulieren, um mit Laptop im Gepäck ohne wirkliche Not in ein Büro zu pendeln, für das ich im Jahr 3.000 Euro bezahlen muss. Beknackt.

Rasch komme ich zum Entschluss, dass das Angebot der Nachbarin zwar lieb gemeint, für mich aber absolut nicht passend ist.

„Danke, Daniel", sage ich, „aber das ist nichts für mich. Miete für etwas, das ich nicht wirklich brauche – ne. Ich würde zwar gerne einen Schreibtisch mit dir teilen, aber wenn, dann gratis, und auch nicht so weit weg. Da geht so viel Wegzeit drauf. Da kann ich ja gleich mein Haus am Land checken."

„Okay, okay, okay", wiegelt Daniel ab. „War nur ein Vorschlag. Falls dir mal die Decke auf den Kopf fällt, weißt du ja, wo du mich findest. Bei uns ist oft ein Plätzchen frei, brauchst dich nur zu melden."

Ich bedanke mich für das Angebot. Meine Gedanken kreisen um Büros am Fluss und die abstruse Situation, abends für eine rasche geschäftliche Arbeit durch die halbe Stadt kurven zu müssen.

680 ODER DIE IDEE MIT DER UMWIDMUNG

Das Telefonat mit Daniel hat mich gewerbeimmobilienmäßig irgendwie angefixt. Da ich schon sämtliche Kaufobjekte kenne, die etwas mit privatem Wohnen zu tun haben, vervollständige ich deshalb abends mein Portfolio in Sachen Immobiliensuche und sehe mir zum ersten Mal gezielt Gewerbeimmobilien an.

Preislich scheint man hier auch am äußersten Limit zu kratzen, nur mit dem Unterschied, dass bei Gewerbeimmobilien keine Rücksicht auf Ruhe, Abgase oder Schönheit des Objekts genommen wird. Direkt an der Hauptstraße? Kein Problem. Im Souterrain fast ohne Licht? Kein Thema, wozu gibt es denn Neonröhren!

Mein Blick fällt auf eine 160-m²-Praxis mit dem Hinweis „Wohnraumwidmung möglich". Das Objekt befindet sich in durchaus bevorzugter Lage, man würde als Makler wohl auch von „verkehrsgünstiger Anbindung" sprechen. Rundherum lebt man nach der Umwidmung dann im Schaufenster. Vermutlich mit Vorhängen oder beklebten Fenstern.

Umwidmung?

Einmal Büro, immer Büro. Der Charme des historischen Zahnarztstuhles kann nicht darüber hinwegtäuschen, dass Gewerbe nicht mit einer kuscheligen Etagenwohnung zu vergleichen ist.

„23m², Ingelheimer Bundesstraße 14, Erdgeschoss. Einzimmerbüro für Kurzentschlossene", lese ich in einer Anzeige. Das Objekt sei noch zwei Jahre fix vermietet, aber dann kurzfristig beziehbar.

Ich ärgere mich über so viel Unverschämtheit und blättere auf die nächste Ergebnisseite.

„Wohn-Büro mit großzügigem privaten Bereich", steht da geschrieben. „155m², die Sie ganz nach Ihren Wünschen gestalten können. Die Gipswände sind frei zu positionieren, und das hier vorgestellte Einrichtungsbeispiel ist nur ein Vorschlag." Gipswände. Vorschläge. Mir klingt das für 680.000 Euro etwas zu unverbindlich.

680.

680?

Wahnsinn!

In welcher Welt leben wir eigentlich? Ich würde wohl die nächsten 50 oder 100 Jahre zum Abbezahlen der Gipswände brauchen.

Ob so eine Gipswand überhaupt so lange hält?

SEEBLICK INKLUSIVE: DAS HOHE MIT FEUERSCHUTZ

Gewerbe: Nein. Haus: Nein. Oder zumindest: Nicht zu diesen Preisen.

Via Suchagent flattert mir spätnachts ein wirklich interessantes Objekt vor die Nase. Das Haus liegt direkt am See und hat gemäß Fotos einen traumhaften Blick aufs Wasser. Mein langgehegter Wunsch, ein Ferien- und Wochenenddomizil zu finden, das einen reinigenden See mit im Gepäck hat, flammt akut auf.

Ich lese das Inserat durch: Die Wohnung ist perfekt möbliert, sie hat großzügige Balkone und durch die erhöhte Lage einen Ausblick, der seinesgleichen sucht.

Wow. Das ist es!

Wozu ein Haus, wenn es auch eine Zweitwohnung am See sein kann. 245.000 Euro sind bestimmt verhandelbar, und in etwa diese Summe hätten wir nach dem Verkauf unserer Wohnung vermutlich auch für das neue Haus drauflegen müssen.

Mein Mann, der Skeptiker, schaut sich das Objekt in der Früh an.

„Kommt drauf an, wo genau es ist", sagt er. „Dort sind die Berge, da drüben auch. Und da unten ist der See."

Berge und See verstehe ich. Mit Süden und Norden kommt er mir gar nicht mehr.

„Lass es uns besichtigen", schlage ich vor. „Die Maklerin hat im Inserat extra notiert, dass sie auch an Wochenenden erreichbar ist."

Es ist wieder einmal Samstag. Und wir machen uns wieder einmal auf die Suche nach der für uns perfekten Immobilie.

„Was hat das Haus für einen Haken?", fühle ich telefonisch vor.

„Gar keinen", sagt die Maklerin. „Die Frau des Besitzers ist verstorben, und er möchte nicht mehr an das Objekt erinnert werden, wo er glückliche Zeiten mit ihr verbracht hat."

„Und ansonsten, das Haus an sich?"

„Das Haus ist sehr gepflegt. Ich hatte auch schon viele Besichtigungen. Aber für ältere Leute, die sich hier ihren Alterswohnsitz einrichten wollen, ist der dritte Stock ohne Lift natürlich nichts."

In Ordnung, denke ich mir. Das klingt plausibel.

„Und die Lage?", frage ich.

„In zehn Minuten sind Sie in Unterfahr", antwortet die Maklerin. „Dort gibt es sämtliche Geschäfte des täglichen Bedarfs."

„Und wie lange ist es sonnig?", stelle ich die Gretchenfrage.

„Dort haben Sie Sonne bis halb sieben", kommt die Antwort von der Verkaufsexpertin.

Ich blicke auf die Uhr. Es ist halb drei.

„Wir können um halb fünf dort sein, passt Ihnen das?", frage ich.

Die Maklerin ist einverstanden, und so vereinbaren wir ein Treffen.

„Unterfahr Nummer 19", sage ich zu meinem Mann, und er überprüft die Lage am Computer.

„Hm, ich fürchte, das ist relativ beschattet durch den Berg", ist seine Einschätzung. Er zieht sich die Höhenlinien der Umgebung auf die Karte und meint: „Wobei, wenn das genau in dieser Schneise hier liegt, könnte es mit der Sonne klappen."

Wir fahren am einen See vorbei, hin zum Ufer des nächsten Sees. Jedoch an einer Seite, die wir sonst kaum befahren.

„Da ist es!", zeige ich auf das Haus, als wir ankommen.

Es liegt direkt an der Straße, diese ist allerdings wenig befahren. Von außen schaut es halbwegs so aus wie auf den Fotos, es wirkt lediglich viel dunkler. Ich frage mich, warum, und blicke nach oben. Ah, klar. Die Sonne ist längst weg. Der Blick auf die Uhr verrät: kurz nach halb fünf. Hatte die Maklerin nicht etwas von halb sieben gesagt?

„Sie würde ja sonst lügen", habe ich meinem Mann zu Hause auf seinen Hinweis mit dem möglichen Schatten gesagt.

„Guten Tag!", kommt uns die Läufertyp-Maklerin beschwingt entgegen. „Da ist Sport garantiert", lacht sie und trippelt vor uns die ersten 25 Treppenstufen zum Erdgeschoss empor.

„Ich zähl mal die Stufen", meint die mittlere Tochter, „dreizehn, vierzehn, fünfzehn ..."

Das Haus liegt direkt vor der Felswand. Es riecht leicht modrig. Hier hat es gefühlte 20 Grad weniger als draußen in der Sonne. Gebuchte Dauerkälte durch den Berg, sozusagen.

Die Fenster zur Straße hin stehen offen. Seltsame Gestalten blicken auf uns herunter und wirken misstrauisch. Hier kennt man sich, und über die, die man noch nicht kennt, möchte man zumindest gut Bescheid wissen. Verloren geht da jedenfalls keiner, so mein Eindruck.

Die Eingangstüre steht offen.

„Öl, Fett, Essensreste – all das gehört nicht ins WC", lese ich auf einem Zettel, der am Schwarzen Brett hängt. Klingt schon mal einladend.

„Das scheint der Eingang zum Keller zu sein", flüstere ich meinem Mann zu, als wir an einer dicken grünen Stahltüre vorbeikommen. Wobei ich mich wundere, dass der Keller im ersten Stock zu sein scheint und gleich zwei Eingänge hat.

Im nächsten Stockwerk befinden sich wieder zwei Stahltüren, und jetzt bestätigt sich mein Verdacht, dass es sich dabei um die Wohnungstüren handeln muss. Eine seltsame Unpersönlichkeit herrscht hier. Es gibt weder Türspione noch Namensschilder an den Türen. Nur vor einer Tür liegt ein lieblos ausgebreiteter Türvorleger. Dahinter kläfft ein kleiner Köter. „Wafff wafff wafff wafff wafff wafff wafff wafff." Zeichen von Leben, zumindest hinter der Tür.

Wir sind im dritten Stock angelangt. Eine alte Aufblasmatratze steht rechter Hand festgebunden an der Wand. Vor uns eine Stahltüre, links noch eine. Wir wählen die linke.

„Das hier wäre schon Ihr Eingangsbereich, hier könnten Sie bereits Wäsche trocknen und Schuhe abstellen", erklärt uns die Maklerin.

Mein Mann und die Kinder gehen voran. Unweigerlich packt mich das Gefühl, gleich wieder umkehren zu wollen. Diese Wohnung strahlt keinerlei Gemütlichkeit aus. Und sie ist um halb fünf Uhr nachmittags schon stockdunkel.

Rechts, eigentlich noch am Gang, sehen wir den angepriesenen offenen Kamin. Links ein Zimmer, von dem aus man ins Bad gelangt. Dann noch ein Zimmer, von dem aus man zur Toilette kommt, und geradeaus das Wohnzimmer.

„Die Möbel bleiben drinnen, wenn Sie möchten, sogar das Geschirr", sagt die Maklerin.

„Hier wohnt ja noch jemand, der Geschirrspüler läuft", stelle ich fest.

„Den habe ich angedreht, hier gab es noch gebrauchte Kaffeetassen, und das schaut nicht so lecker aus", erklärt die Maklerin.

Die Küche besitzt eine Kochinsel und ist nicht unattraktiv. Vor uns öffnet die Maklerin die Tür zum Balkon. Und dann sehen wir ihn: den See. Majestätisch liegt er vor uns. Besser gesagt: unter uns.

„Halt, nicht so weit!", rufe ich, als die Kinder ans Balkongeländer gehen.

Vorsichtig blicke ich hinunter und erinnere mich an meine kürzlich erfolgte Besteigung der Kletterwand. Der Mittleren zuliebe war ich auch auf zwölf Meter Höhe geklettert. Das allein war eigentlich kein Problem, doch oben musste man die Hände kurz vom Seil lassen, um sich abseilen zu können. Diesen Moment werde ich nie vergessen. Alles hing an diesem mehrschichtigen Textilfaden. Das ganze Leben. Wenn der Karabiner ausgelassen hätte: Pech gehabt. Aber zwölf Meter wären wohl ein sauberer Schnitt zwischen Sein und Nichtsein gewesen ohne viel Zeit zu überlegen.

Der Balkon. Meine Gedanken sind wieder an Ort und Stelle.

„Mama, hochheben!", bettelt die Zweijährige.

Um Gottes Willen! Hier geht es kerzengerade nach unten. Die Höhe dürfte die der Kletterwand übersteigen. Ich sehe unter mir die Straße und mir wird fast übel bei der Vorstellung, dass sich der Balkon oder eines seiner Bretter aus seiner Verankerung lösen könnte. Ich glaube, ich wäre kein guter Balkonbesitzer im dritten Stock.

„Rein mit euch!", weise ich die Kinder an. Doch drinnen ist es dunkler als draußen.

Ich will hier raus. Mein Mann spricht noch mit der Maklerin und fragt: „Und was tut man hier im Winter?"

Bevor sie das Wort ergreift, tue ich es und sage: „Frieren."

Die Kinder nicken.

Wir wollen nicht frieren. Wir wollen nicht hören, dass man die Tür zum WC auch in den Gang verlegen könnte.

„Hier will ich nicht sein", sagt die Große.

„Dunkel ist es hier und kalt", meint die Mittlere.

Die Kleine will nur getragen werden.

„Vielen Dank, das hier ist nichts für uns", kürze ich die Entscheidungsfindung ab.

„Das macht nichts", sagt die Maklerin, „es ist schon zu 85 Prozent verkauft. Die Dame, die es kauft, ist aus der Großstadt. Sie will im Sommer hier segeln."

Schön für sie, denke ich mir. Und schön für uns, dass wir wieder nach Hause dürfen.

In unsere kuschelige Stadtwohnung mit grünem Aussichtsblick.

Als wir unten ankommen, überqueren wir noch die Straße und sehen uns der Vollständigkeit halber die beiden Stege ins Wasser sowie die gemeinschaftliche Liegewiese an. Rösten an der Straße, flankiert von parkenden Autos.

„Wuuummm", macht es, und ein Motorradfahrer braust vorbei. „Wummmmm wummmmmm wummmmm." Es scheint ein Motorradtreffen stattzufinden.

„Ganz schön laut!", rufe ich der Maklerin zu.

„Das ist relativ", brüllt sie zurück. „Ich wohne auch in einem Ort neben der Autobahn, und die Leute sagen immer, ihr hört ja die Autobahn. Aber irgendwann hört man sie nicht mehr."

„Wummm wummmm wummmmm", macht es, als wir uns voneinander verabschieden und die Maklerin samt ihrem Hund im Kofferraum davonbraust.

Noch Stunden später hören wir, wie die Kinder untereinander über die dunkle Wohnung sprechen.

„Hättest du dort wohnen wollen?", fragt die eine die andere.

„Nö", meint die Befragte. „War doch total eklig dort."

Eklig? Dafür, dass Mama und Papa 20 Jahre lang einen Kredit abbezahlt hätten? Diesen Umweg können wir uns sparen. Eine dreiviertel Stunde später sind wir wieder daheim.

EIN EDELSTEIN IN BESTER LAGE: MEHR GELD MUSS HER!

„Bling" – Mein automatischer Suchagent schlägt bereits frühmorgens zu. Und schmerzlicher könnte die neue Entdeckung nicht sein, denn dieses Mal würden wir für schlappe 900.000 Euro tatsächlich UNSER Traumhaus bekommen.

189m² Wohnfläche – reichlich. Neun Zimmer – genial. Sogar ein Flipperzimmer für meinen Mann wäre hier inkludiert. Keller. Garten. Wintergarten. Mehr Garten geht ja gar nicht! Die reizvolle Villa aus der Hand eines Baumeisters scheint alle Stücke zu spielen. Erbaut im Jahr 1912, hat sie nicht nur Kellergartenwintergarten, sondern auch Pool und Laube. Zu allem Überfluss wurde das Objekt bereits umfangreich saniert und liegt in einer offenbar hervorragenden Lage.

Koch-Kachelofen. Ich lese das Wort zum ersten Mal. So wie bei Hexe Schrumpeldei anno dazumal, vermute ich. Wie romantisch es sein muss, das tägliche Essen für die Familie am Koch-Kachelofen zuzubereiten. Gemeinsam einheizen, vorher gemeinsam Holz schlagen, Holz hacken, Holz durch den winterlich beflockten Garten zum Koch-Kachelofen bringen. Der Duft von Nadeln und das Brutzeln der Flammen, bevor noch die leckere Suppe aufkocht. Nostalgie, die kaum zu übertreffen ist.

Gemeinerweise sind die Fotos im Internet auch zum Anbeißen. Das Haus wirkt wie aus einem Märchen entstiegen. Wild umrankt von grünen Kletterpflanzen, fein geschoren der Garten. Ein prächtiges Vogelhäuschen ziert die Mitte der Gartenlaube, hier könnte glatt ein Kind einziehen.

Obstbaumbestand! Mein Traum! Und dann das Dachgeschoss: Fachwerk, das seinesgleichen sucht. Hier könnte man Fachwerkfilme drehen. Selten habe ich so eine hübsche Dachkonstruktion gesehen.

Darunter: ein Himmelbett, tief romantisch, überzogen mit Rosenbettwäsche und verruchtem Tüll. Hingeworfen im Augenblick, der Besitzerschläfer war vermutlich gerade auf dem Weg in den vom Makler mit „Relax-Bad" bezeichneten Raum. Im ersten Stock vier Schlafzimmer mit je einem Aussichtsbalkon. Nichts mehr mit Enge auf engem Raum, Reihenhaus mit einzementierter Feindschaft, Muffel am Berg, Lärm der Landesstraße oder Gipswandkartonbau. Schluss mit der Tristesse der Armut!

Mein Herz blutet. Die 900.000 könnte ich auf die Schnelle nur durch ein bis zwei Banküberfälle organisieren. Wobei ich noch nicht einmal weiß, ob Banken heutzutage so viele Bargeldreserven in ihrem Kassenbereich lagern. Kommen die im regulären Behebungsfall nicht aus dem Tresorraum? Dann wäre es vermutlich besser, einen größer angelegten Raub zu planen. Mit Tunnel und so. Einen, der direkt zu den Goldreserven führt. Die könnte ich dem Makler dann auf den Teller legen und sagen: „Bitteschön, ich hätte gerne mein Märchenhaus."

Zu dumm. Das Märchenhaus wird ausgerechnet von jenem Makler angeboten, der um unsere finanzielle Situation weiß und auch unsere Wohnung taxiert hat.

Gut, man könnte etwas flunkern und von einer Erbschaft der urplötzlich verstorbenen Erbtante erzählen. Wozu gibt es die denn sonst?

Eine Erbtante muss zu finden sein. Vielleicht sollte ich ein Inserat aufgeben und mich gezielt auf die Suche nach ihr begeben. Jetzt, wo die Immobilie passt und nur noch die Moneten fehlen.

Oder ich sollte Lotto spielen, wie mein Mann es tut. Ob die Chancen auf einen Gewinn hier größer sind als auf den Zugewinn einer Erbtante? Gedanklich formuliere ich bereits das Inserat, denn doppelt hält auch hier besser: „Sie sind reich und wissen nicht, wohin mit Ihrem Geld? Sie wünschen sich eine hervorragende Verwendung für Ihren Goldschatz und wollen ihn nicht der Bank anvertrauen? Beschenken Sie uns, wir können es brauchen! Melden Sie sich am besten noch heute unter wohin.mit@meinenmoneten.com. Das Haus, das wir mit Ihrem Geld erwerben, können Sie später auch besuchen und uns weiter beschenken. Denn bestimmt fallen künftig Renovierungskosten an. Danke sagt Ihre Familie Arm."

Einzig, in welche Rubrik ich mein Gesuch posten soll, entschlägt sich meiner Phantasie.

Ich klicke das Traumhaus wieder weg.

Und verlasse mich auf unsere tatsächlichen Möglichkeiten. Schuster, bleib bei deinem Leisten. Die richtige Immobilie wird kommen. Oder der Lottogewinn. Oder die Erbtante. Oder beide. Ommmmmmm.

FINDMYCASTLE: GENERATION GESICHTSFALTEN

Später einmal möchte ich mir nicht vorwerfen, nicht alles probiert zu haben.

Gedankenübertragung! „Bling", macht es, und eine eher selten abgefragte Immobiliendatenbank meldet sich zu Wort. Ich muss genauer suchen. Oder breiter. Oder öfter.

Mit einem Klick komme ich auf die Startseite. Zwei überwuzelte Menschen schauen mir entgegen. Sie haben bereits tiefe Falten. „Hier finden wir Perspektiven in jeder Größe und Lage", steht neben dem Pärchen aus dem Altenheim geschrieben.

Auweia. Offenbar war es für die beiden zu faltenfreien Zeiten auch unmöglich, sich immobilientechnisch zu verändern, und sie mussten die Pension abwarten. Wobei meine Nachbarinnen der Ansicht sind, dass man später das Eigenheim ja gar nicht mehr bräuchte, weil die Kinder da längst aus dem Haus seien. Mein Mann hingegen ist der Ansicht, dass Kinder zu Zeiten überteuerter Wohnungspreise gar nicht mehr ausziehen würden. Also wie jetzt?

Ich schaue mir das angekaufte Foto mit dem lächelnden Käuferpaar nochmals genauer an. Sie hat überkronte Zähne, er auch. Ihr Facelifting ist augenscheinlich schlecht gemacht, denn das Gesicht wirkt zu straff. Er glotzt an ihr vorbei, und nicht mal auf dem Foto ist wahre Zuneigung erkennbar. Alles in allem wirkt das Bild aufgesetzt und übertrieben freundlich. Es erinnert mich an die übertrieben freundlichen, aufgesetzten Immobilienbeschreibungen der Makler und ihre oftmals doch glatten Lügen. Sonne, wo Schatten ist. Ruhe, wo Straße ist. Größe, wo Enge ist. Nun wird mir klar, warum das Bild einfach perfekt zur Immobilienplattform passt. Es spiegelt ziemlich genau das wider, was bei der Wohnungssuche oft geschieht: Man wird gezielt hinters Licht geführt. Vermutlich kannten sich die beiden Lachgreise nicht einmal, bevor sie als Liebespaar mit gemeinsamer Zukunftsperspektive abgelichtet wurden.

Fake. Fake. Fake. Alles eine große Fälschung. Alles Betrug. Alles Mist.

DAUERKOTZEREI UND SCHWEDISCHER UMBAU

Manchmal braucht es drastische Einschnitte, um wieder zur Vernunft zu kommen. Eine große Kotzerei, zum Beispiel. Die Jüngste hat sie, und alle leiden mit. Zum Glück gibt es in unserem Haushalt ausreichend alte Handtücher und die Waschmaschine ist solidarisch. Wie bequem, alles auf einem Stockwerk erledigen zu können und nicht in eine neu angekaufte Waschküche ausweichen zu müssen.

Einige Tage ist es schon her, seit ich meine quasi hauptberufliche Suche nach der neuen Immobilie standesgemäß durchgeführt habe.

Und ich muss sagen, mir fehlt nichts. Man wird dankbar, wenn alle wieder gesund sind. Und ist froh, sich in seine vier bescheidenen Wände zurückziehen zu können.

Als ich es zu Hause aufgrund der Dauerkotzerei nicht mehr aushalte, pilgere ich ins schwedische Möbelhaus. „Aus der großen Sache wird nichts", sage ich davor zu meinem Mann, „ich baue morgen mein Büro um."

Wenn Freitagabend eine solche Ansage kommt, weiß mein Mann zwei Dinge: Er muss am Samstag nicht auf Haus-Brautschau fahren, sondern lediglich zum Schraubenzieher greifen und ein paar neue Teile für seine Frau aufbauen.

So rasch kann's gehen, und die Begierde zum kompletten Umzug ist erst mal gestoppt: Für 386 Euro inklusive Steuern erwerbe ich einen höhenverstellbaren Schreibtisch (wie cool, der kann sogar als Stehpult Verwendung finden!), einen roten Drehsessel OHNE erschlagende Mega-Lehne, ein Plexiboard für meinen Monitor (drunter kommt der Laptop) und nicht vermeidbaren Kleinkrams. Und dann geht's Samstagvormittag ans Ausmisten. Auf dem Sofa das ehemals kotzende Kleinstkind, streichelweich, weil komplett entkräftet.

75

Lade für Lade kremple ich das Büro um und weiß, dass meine neue Möbelordnung einen halben Schreibtisch weniger vorsieht. Außerdem muss der fünfladige Schrottsammler auf Rädern verschwinden. Ich versinke inmitten hässlicher Büroklammern und nie gebrauchter Etiketten. Und denke daran, wann mein superleichtes Chica-Model-Notebook aus der Reparatur zurückkommt. Dorthin musste es, weil auf der Suche nach dem perfekten Haus die perfekte Tastatur den Geist aufgab. Die Shift-Taste hielt mir nicht stand. Shit-Taste, sozusagen.

Nebenan, der Mann schraubt und schimpft kaum. Erst, als er an der Kurbel für den Schreibtisch zu scheitern droht.

Die Kinder – „Cooler Stuhl, gehört der dir?" – wundern sich, dass so viel aus Mamas Büro rausfliegt.

„Das will ich!", rufen sie bei diesem und jenem Teil und reißen sich um meinen Müll. Währenddessen kommt Klarheit in die Sache: Der neue Schreibtisch zieht ein, der alte wandert in den Allgemeinkeller und von dort in die Zu-verschenken-Börse des anonymen Internets. Der neue, kleinere Schreibtisch ist um 90 Grad gedreht. Privatsphäre macht sich breit, da bislang jeder, der das Büro betrat, zwangsläufig auf meine Sachen blicken musste. Nix mehr mit Glotzen. Stattdessen Freiraum dort, wo einst ein hässlicher Mega-Bürostuhl stand. Das kleine rote Drehding wirkt wie ein Aufputz. Niedlich, neckisch. So gar nicht arbeitssteif.

„Der ist echt bequem", gibt sogar mein Mann zu und versinkt kurz im Drehsessel, den ich als schwedisches Schnäppchen minus 30 Prozent erworben habe.

Als die Kinder schlafen, wird alles fertig. Das neue Arbeitseck ist praktisch und aufs Wesentliche reduziert. Wieder einmal habe ich in unserer Wohnung neuen Raum geschaffen, ganz ohne Makler. Wie damals schon, als ich eines Abends begann, die Küche auseinanderzuschrauben und einen großen Essbereich für fünf Personen geschaffen habe, wo einst der vollgestopfte Apothekerschrank und die unnötigen Unterschränke standen.

GEKOMMEN, UM ZU BLEIBEN

„Ich will nicht weg von hier", sage ich am Sonntag zu meinem Mann. Das umgestaltete Arbeitszimmer ist noch immer wunderbar, auch bei Tag und ausgeschlafen. Die Kinder haben den neuen Vorraum schon entdeckt und bespielen ihn eifrig. Im Hof tönt die Nachbarschaft.

„Wir gehen runter!", rufen die zwei Großen nach dem Frühstück und sausen davon.

„Udo", denke ich laut an die Freiheit am Ende der Welt zurück, „das wäre was gewesen. Ein paar Tage niedliche Laufenten – und dann?"

„Tja, da gibt's keine Freundinnen ums Eck", bringt es mein Mann auf den Punkt. „Aber vielleicht kommen ja beim Pendeln im Auto neue Erleuchtungen?"

Ich lächle in mich hinein.

Mein Telefon klingelt. „Ich habe jetzt etwas in erster Reihe für Sie, direkt am See", sagt die Maklerin.

Richtig, erinnere ich mich, der See.

„Und preislich, wo liegen wir da?", frage ich gedankenverloren.

„Bei 450", kommt die Antwort.

„Hm, 450", sage ich, „nun, vielen Dank, aber wir haben vorgestern schon für 386 an anderer Stelle zugeschlagen."

Die Maklerin bleibt stumm. Ich lege auf. Und bin wieder ganz zu Hause angekommen. Wie gut sich das anfühlt!

UND EWIG LOCKT DER KANALANSCHLUSS AUF GRÜNER WIESE

„Der Sommer war echt super", erzählt mir die zehnjährige Freundin der Großen nach der Reitstunde am Dienstag. „Wir waren jeden Tag am See in unserem Wohnwagen."

Wohnwagen! Eine Option, die ich noch gar nicht wirklich ins Auge gefasst habe. Obwohl das eigentlich gelogen ist. Denn natürlich haben wir uns schon vor geraumer Zeit mit der exakten Konfiguration diverser Nachziehhäuschen auseinandergesetzt und gedanklich durchgespielt, wie man auf der Toilette sitzen müsste (Beine links angezogen, rechts angezogen, mittig weit gespreizt), damit jemand anderes noch am Waschbecken stehen könnte.

„Meine Eltern wollen nicht das Klo vom Wohnwagen reinigen, daher gehen wir auf die öffentlichen Toiletten", ergänzt die Freundin, während ich gedanklich noch am Kanalanschluss hänge.

Gut, dann hätte sich das wenigstens geklärt. Kein WC ist auch eine Lösung. Die Kleinste aufs Töpfchen, die anderen auf die Wiese oder zum offiziellen Örtchen. Wobei, auf Dauer das mit der Wiese – da müsste man schon auf den perfekten Standplatz achten. Nahe am Rand vor dichten Sträuchern. Und man müsste mit Wasser nachspülen, um in Trockenperioden südfranzösische Duftnoten zu vermeiden.

„Und wie kommt man an so einen Dauercampingplatz?", frage ich.

„Man geht einfach hin, fragt, und dann bleibt man", erklärt die Freundin. So einfach kann das Leben für eine Zehnjährige sein. Hingehen, fragen, bleiben.

„Und der Wohnwagen, was kostet der?", will ich wissen.

„400", ist die Antwort.

„Nur 400?", frage ich.

„Oder 200. Oder 2.400. Irgendwas mit 2 und 4."

Die Freundin schwankt. Ist ja auch egal. Wie bei den Maklern halt. Irgendwas zwischen schwarz und weiß, mit Zwischenraum, um durchzuschauen.

Ja, vielleicht werden wir Camper.

Oder wir werden keine Camper. Denn eigentlich möchte ich in meiner Freizeit nicht das vollgemachte Camping-WC leeren und Internetforen dazu konsultieren.

Andererseits – fünf Schlafplätze in einem Wohnwagen, warum nicht? Wenn er schön groß und komfortabel ist? Alles eine Frage des Geldes. Und das haben wir ja jetzt. Nachdem wir kein Haus gekauft haben.

Ich könnte nicht stärker hin- und hergerissen sein, denn schließlich war ich noch nie in meinem Leben campen. Meine Eltern nahmen immer Abstand, und mein Mann hat ein frühes Kindheitstrauma davon. Konkret vom Abwasch nach dem Mittagessen im Vorzelt, also von der Zeit, wenn sich alle mit ihrem fettig dreckigen Kram in praller Hitze bei den öffentlichen Brausestellen treffen müssen, damit es keine Fliegen- und Wespen-Invasion gibt.

Als echter Camper bräuchte ich vermutlich ein Tattoo, und mein Mann einen ordentlichen Bierbauch. Eventuell sollten wir sogar mit dem Rauchen anfangen, wegen der lästigen Mücken. Und mit dem Trinken, wegen der Geselligkeit. Womöglich würden wir es irgendwann sogar in die Oberliga der Wohnmobilbesitzer schaffen, die ihr Gefährt ganz locker mittels Bierstand im Glas waagerecht ausrichten.

Alles immer dabei zu haben – wäre das nicht der Himmel auf Erden? Zumindest bei Schönwetter.

Meine Gedanken drehen sich um Campingplätze und Campingklos, Dauerwohnwägen und aufgrund ihrer Größe halbwegs immobile Wohnmobile.

Da fällt mir ein, dass ich unsere zwei kleinen Hunde vergessen habe. Wir wären auf den meisten Plätzen wohl eher unerwünscht oder an den Rand gedrängt. Wegen zwei Mal zwei Kilogramm Lebendgewicht, während die dicken Camper ungeniert an die Büsche pinkeln. Ungerecht, finde ich, und lege die Sache mit dem Campen wieder zu den Akten.

GARTENHAUS AN DER STARTBAHN

Wozu in der Blechkiste campen, wenn es auch ein gemütliches hölzernes Gartenhäuschen im Grünen sein kann? Eigentlich eher zufällig stolpere ich über ein privates Inserat. Es wirbt für ein Kleingartenhäuschen, das es zweifellos in sich hat. Die wunderschöne, senfgelbe Küche im professionell montierten Vorbau hätte ich auch gerne zu Hause, und laut Angabe der Besitzer darf im schnuckeligen Häuschen mit Wasser- und Kanalanschluss sogar übernachtet werden. Dazu eingefriedeter Wiesengrund von rund 300 Quadratmetern – luxuriös!

Ob Hunde erlaubt sind, weiß ich zwar noch nicht, aber dennoch möchte ich mich genauer über das vorgestellte Objekt informieren. Kurzerhand rufe ich den Verkäufer an.

„Aus beruflichen Gründen können wir das Gartenhäuschen leider nicht mehr regelmäßig nutzen", bedeutet er mir am Telefon.

„Und der Preis?", frage ich.

„Ist Verhandlungssache", antwortet er. „Aber viel geht da nicht mehr."

Da, das sind übersetzt 38.000 Euro. Zuzüglich Jahrespacht von etwa 1.200 Euro.

„Sehen wir uns das einmal an", sage ich zu den Kindern am sonnigen Nachmittag und animiere sie so zu einem Radausflug. Die Gegend des Gartenhäuschens ist uns nicht unbekannt, denn in der Nähe befindet sich ein schöner Spielplatz.

„Liegt dahinter nicht der Flughafen?", fragt die große Tochter.

„Stimmt", rufe ich ihr zu, und wir strampeln weiter.

Da sehen wir sie auch schon, die schnuckelige Kleingartensiedlung mit ihren geschätzt 25 Häuschen. Eines putziger als das andere.

Mit Mega-Karacho zieht ausgerechnet jetzt eine Propellermaschine über uns hinweg und setzt etwa 300 Meter weiter vorne auf der Landebahn auf.

„Wow", entfährt es mir, und wir halten kurz an. Auf der einen Seite die Kleingärtenhäuser, auf der anderen der Stacheldraht zum Flughafenareal.

„Bestimmt wird hier Bio-Gemüse angebaut", sage ich zu den Kindern und rieche stinkendes Flugzeugbenzin.

„Können wir jetzt bitte endlich zum Spielplatz?", wird die Mittlere ungeduldig.

„Mama, du willst hier nicht allen Ernstes einen Garten kaufen, oder?", kratzt sich die ältere Tochter am Kopf.

„Nein, nein", wiegle ich ab und tue so, als hätte mich das Kleingartenhaus nie wirklich beschäftigt. Die Kinder brauchen ja nicht zu erfahren, dass ich gedanklich bereits darin übernachtet und die baren Füße ins grüne Gras gesteckt habe.

Wir wenden die Räder und fahren retour in Richtung Spielplatz. Aus sicherer Distanz beobachte ich den kaum überhörbaren Flugbetrieb. Wie es wohl wäre, die Kinder davon zu überzeugen, ab sofort Rutsche, Sandkasten und Schaukel gegen Ohrenstöpsel zu tauschen? Vor allem nachts, wenn – still still still – das Kindlein ab 20 Uhr schlafen will und sich die Ferienflieger Flügel an Flügel aufreihen.

DAS LETZTE HAUS HAT KEINE TÜREN

Ich bin traurig. Sehr sogar. Unsere liebe Nachbarin Angelina ist über mehrere Wochen dem Tode entgegengegangen. Auf eigenen Wunsch verhungert, sozusagen. Das muss man erst mal verdauen.

Die Beerdigung findet im engsten Familienkreis statt. Doch dann, eines Tages, ist es so weit. Gemeinsam mit der anderen, höchst lebendigen Nachbarin fahren wir auf den Friedhof. Es ist bereits gegen 17 Uhr, als wir ankommen, und die Abendsonne bescheint nur noch manche Parzellen.

„'Wir werden auch im Tod noch nah beieinander sein', sagte mein Mann zu ihrem Mann damals", erzählt die Nachbarin.

„Aha, wieso?", frage ich.

„Na sieh doch, da drüben!" Meine Nachbarin deutet auf ein frisches, mit zahlreichen Kränzen geschmücktes Grab. „Das ist Angelina. Und gegenüber, das ist unsere Familiengruft."

„Kapiere. Aus unweiten Hausnachbarn werden Nachbarn für immer", sage ich.

„Zumindest solange die fünfjährlich zu zahlende Grabgebühr von den noch Lebenden bezahlt wird", sagt meine Nachbarin.

„Und wie viel ist das so?", frage ich.

„Ein paar hundert Euro für unsere Gruft", erklärt die Nachbarin.

„Ich möchte später lieber keine Gruft", sage ich, „das hört sich so kalt an. Souterrain, wenig Sonne. Aber man kann heute alles verkaufen."

Ich erinnere mich an eine Wohnung, die ich auf meinen Streifzügen entdeckt habe. Eigentlich im Keller, früher hätte man dort maximal einen Hobbyraum angesiedelt. Heutzutage macht man echten Wohnraum daraus, und das Wort Souterrain klingt zu allem Überfluss auch noch französisch nobel. Mein Lateinunterricht war zumindest in diesem Punkt nicht umsonst, und Souterrain hieß einfach übersetzt unter der Erde. Souterrain, im Reich der Toten.

„Wenn du erst einmal verbrannt bist, stört dich doch der fehlende Sonnenschein nicht mehr, oder?" Meine Nachbarin sieht mich fragend an.

„Und ob", sage ich. „Sieh mal hier." Ich deute auf ein ziemlich vermoostes Grab. „Null Sonne. Nicht mal im Tod. Wächst nichts, sprießt nichts, kannst du nur Schattenrasen sähen."

„Auch wieder wahr", bestätigt die Nachbarin meinen Einwand, „von daher haben wir ja ein wirklich schönes Grab. Und Angelina auch."

„In der Tat", sage ich, „genug Sonne, und im Sommer nicht so knallheiß, dass alles verbrennt."

„Eben", nickt die Nachbarin, „denn verbrannt wurde ja schon einmal."

Wir müssen spontan lachen.

Während wir über die beste Lage am Friedhof reden, tollen die Kinder herum.

„Da gibt es Leih-Gießkannen!", ruft die Mittlere von weiter hinten. „Gegen zwei Euro kann man welche ausleihen und wieder zurückbringen."

„Es muss alles seine Ordnung haben am Friedhof", erkläre ich ihr. „Wie in einer Reihenhaussiedlung. Oder am Campingplatz. Da will man ja auch, dass kein Chaos herrscht, sondern jeder seine geborgte Gießkanne wieder zurückbringt."

Während ich den Satz spreche, fällt mir auf, wie ähnlich hier alles zum echten Leben ist.

Da die prunkvollen Gräber. Marmor ohne Ende, goldene Inschrift, gepflegtes Äußeres. Von der Friedhofsgärtnerei oder von den Erben – wer weiß das schon. Es ist jedenfalls jemand da, der sich kümmert.

Auf der anderen Seite verlotterte Plätze, wo schon seit einer gefühlten Ewigkeit keine Menschenseele mehr Hand angelegt hat.

Wir marschieren weiter und kommen zu jenem Bereich, wo Grabsteine und schmiedeeiserne Kreuze aufgelassener Gräber gesammelt werden.

„Elfriede Maria Windischfeger, geboren am 13. April 1823, gestorben am 24. Juli 1875", lese ich vor. „Puh, fast genau 100 Jahre vor meinem Geburtstag gestorben, die ist wirklich mausetot."

Die Grabsteine sind nicht mehr im Dienst, sie haben ihre Leistung erbracht.

„Kann man die kaufen?", frage ich die Nachbarin in alter Gewohnheit.

„Keine Ahnung", meint sie, „vielleicht, wenn man die Denkmalschutzbestimmungen einhält?"

Wir haben beide keinen blassen Schimmer davon, was passiert, wenn Gräber aufgelassen werden und sich ihre ehemaligen Grabsteine dann auf dem Sammelplatz langweilen.

„Stell dir vor, alte Häuser würden auf den Hausfriedhof kommen", sage ich.

„Ja, seltsam", nickt die Nachbarin.

„Alles ist so vergänglich. Und das letzte Haus hat keine Türen", sage ich.

Hinter der Sammelstelle wird es lichter. Nur wenige Gräber sind hier verkauft.

„Mensch, da ist ja noch jede Menge Platz!", rufe ich begeistert. „Das ist ja fast wie auf dem Land. Mega-Villa mit drei Hektar Grund außen rum."

„Siehst du das ausgefallene Grab da drüben?", fragt meine Nachbarin und deutet auf einen bemerkenswerten Grabstein.

„Was ist denn das?", wundere ich mich und trete näher an das Grab heran. Langsam lese ich vor:

„Hier ruht Hasenliebhaber Rudi Lanzeneder, Künstler und Genießer. Habt Freude mit seiner Skulptur, die er sich zu Lebzeiten selbst anfertigte."

Der Hase ist an einer Stahlstange befestigt, damit er nicht umkippt. Im Maul hat er eine Karotte, auf dem linken Ohr sitzt eine Schleife.

„Wie im echten Leben", sage ich, „eigenwillige Nachbarn blühen dir dort und da."

„In der Tat", lächelt die Nachbarin. „Und weißt du was? Der Hasenliebhaber, der wäre fast mein Schwiegervater geworden."

„So klein ist die Welt", sage ich. „Stein auf Stein gebaut. Hüben wie drüben."

Wir fahren nach Hause.

„Lass uns ein Grab kaufen", schlage ich meinem Mann vor, nachdem wir die Kinder ins Bett gebracht haben.

„Ach so?", fragt er mich und wundert sich offenbar über nichts mehr.

„Ostwest-Lage", spezifiziere ich meinen Wunsch. „Morgen- und Abendsonne."

„Und was machen wir damit?", möchte mein Mann wissen.

„Wir haben es", sage ich, „und bis wir drin liegen, machen wir dort vielleicht ein Hochbeet oder ein kleines Schrebergärtchen."

„Na, wenn das mal nicht verboten ist", lacht mein Mann. „Am Friedhof gibt es bestimmt strengere Regeln als unter den Normalsterblichen."

Er könnte Recht haben. Denn Gemüse oder Gewürze konnte ich weit und breit nicht entdecken.

„Ist doch egal", sage ich. „Ein Grab ist gut. Und dann haben wir es endlich. Unser Schmuckkästchen am Siedlungsrand."

GARAGENLEBEN

Viele Wochen vergehen. Die Zeit der vergeblichen Haussuche hat Kraft gekostet. Das merke ich jetzt erst, und zwar an meiner Todmüdigkeit. Für den Friedhof reicht es nicht mehr, wohl aber für ein genüssliches Bad in der Sonne.

Die Kinder spielen einträchtig im Hof und schaffen sich ihr eigenes kleines Dorf. Wohnungsgröße, Ausstattungsmerkmale, Kaufpreis – alles egal. Viele Nachbarn leben hier zur Miete und einige scheinen gar auf der Durchreise zu sein. Wozu kaufen? Das bindet nur unnötig. Den meisten reicht es schon, verheiratet zu sein.

„Lass uns diese Schachtel aufheben, falls wir in nächster Zeit einmal umziehen", sagt die Nachbarin zu ihrem Mann, als er einen scheinbar wertlosen Umzugskarton entsorgen will. Die beiden räumen ihre Garage auf. In unserer Siedlung leben die Garagen. Sie sind keine Hütten für ruhige Autos, sondern offenbaren die Fortsetzung des Lebens im eigentlichen Wohnungsbereich. Jede Garage hat ihren eigenen Charme. Einige sind sogar so sympathisch, dass man auf der Stelle einziehen möchte. Unsere zum Beispiel: Reichhaltig bestückt mit zuzippbaren Kleiderschränken und für das Überwintern bestens geeignet.

„Grüß dich!", sagt eine Nachbarin von schräg gegenüber zu mir, während ich gedankenverloren in der Sonne vor mich hin dümple.

„Hallo, Minerva", grüße ich zurück. „Wie geht's denn so?"

„Gut, danke, nur Lara fühlt sich unwohl." Lara ist ihre Tochter und längst erwachsen.

„Aha, wieso denn?", möchte ich wissen. Ich bin ein Spezialist für das Unwohlsein anderer Leute und getrieben von der Ursachenforschung.

„Hatte ich dir nicht erzählt, dass sie letztes Jahr ein Haus gekauft haben, ihr Partner und sie?", fragt mich Minerva.

„Doch, ich glaube schon", sage ich. „Wo war das gleich wieder?"

„In Aggelsbergen, nahe den Aggelsbergener Seen. Ein wunderschönes Ausflugsgebiet ist das dort."

Beim Wort „Ausflugsgebiet" runzelt Minerva die Stirn und scheint von ihrer eigenen Aussage nicht so recht überzeugt zu sein.

„Und, was ist mit dem Haus?", möchte ich wissen.

„Ja, das ist wunderschön, Erdwärme, zweites Kinderzimmer, war damals schon bezugsfertig, die konnten direkt rein", erklärt Minerva.

„Klasse! So eines möchte ich auch!", entfährt es mir.

„Lieber nicht", meint Minerva, „oder schon, wie du es nimmst. Also am besten würde man es dort abtragen und hier in der Stadt wieder aufbauen."

„Gute Idee", sage ich, „das passende Grundstück wäre halt noch fällig."

Wir lachen, der Gedanke ist einfach zu absurd.

„Im Ernst jetzt", meint Minerva, „Lara ist sehr unglücklich da draußen. Sie hat keine Anbindung an die Landbevölkerung, nix. Jeder kennt jeden, und sie kennt niemanden. Ein Außenseiter ist nichts dagegen."

„Das ist ja dumm", sage ich, „also wenn du nicht mit der Huber-Mitzi verheiratet bist, dann spielst du nur die zweite Geige, oder wie?"

„Ungefähr so", nickt Minerva.

„Was haben sie damals denn gezahlt für das Haus?", frage ich neugierig.

„280.000 Euro. Ein Schnäppchen war das."

Da hat sie recht. Gedanklich rattere ich diverse Immobilien der letzten Wochen und Monate durch. 280.000 in der Stadt wären umgerechnet 2 Zimmer in halbwegs brauchbarer Lage. Ohne Garten, versteht sich.

„Und was machen sie jetzt?", frage ich.

„Wahrscheinlich verkaufen", sagt Minerva. „Da war ja noch Spielraum, damals beim Kauf, das bekommen sie bestimmt gut weg."

Minerva klingt überzeugt. Ich bin es weniger. Für die Lage am Arsch wollte damals schon keiner viel bezahlen, warum sollte sich das in so kurzer Zeit geändert haben?

„Natürlich wühlen sie sich seit Längerem durch die Internet-Inserate", sagt Minerva und hat meine Gedanken erraten. „Die beiden wissen, was sie in der Stadt in etwa bekommen für dieses Geld. Das ist nicht gerade viel."

„Mieten?", schlage ich vor.

„Wollen sie nicht", antwortet Minerva. „Das Haus war ja wirklich perfekt. Wunderschöner Grund. Neuwertiger Zustand. Alles perfekt. Bis auf die Lage eben."

„Bis auf die Lage eben", wiederhole ich. Und denke an einen Makler zurück, der mir immer „Lage, Lage, Lage" ins Ohr gebrüllt hat am Telefon.

„Sie wird schon etwas finden", beende ich das Gespräch, weil Minerva Anstalten macht, mit ihrem Gemüsesack nach drinnen zu laufen.

„Muss kochen", ruft sie mir über die Schulter zu, „die beiden haben sich zum Abendessen angekündigt. Da draußen, in Aggelsbergen, da gibt es ja gar nichts. Kein Restaurant, nichts. Also keines für Städter, wo nicht jeder jeden kennt ..."

Weg ist sie. Und mit ihr das perfekte Haus in Aggelsbergen.

„Aus den Augen, aus dem Sinn, ich fahr nicht nach Aggelsbergen hin", singe ich leise. Damals schon, als Lara mit dem ländlichen Autokennzeichen vorne an der Ecke parkte, dachte ich mir: Aus welchem Kaff kommt die denn?

„Hauptsache, der Mann bleibt gleich, das Kennzeichen kann sie ja wieder tauschen", überlege ich insgeheim und freue mich über die kurzen Wege in der Stadt. Zwei Schritte hier, drei Schritte dort, mit dem Rad in wenigen Minuten überall und nirgends. Unabhängig, umgeben von schönen öffentlichen Parks, in denen ich nicht selbst den Rasen zu mähen habe.

GEMEINSCHAFTSGARTEN AUS ZAUBERSAND

Wobei. Das mit dem Garten und dem Rasenmähen muss eigentlich recht schön sein. Sollte ich also doch Kleingärtnerin werden?

„Bei uns im Schrebergarten ist es ganz zauberhaft", schwärmen mir die Nachbarn im Vorübergehen vor und betonen, noch schnell ins Gartencenter fahren zu müssen, weil die vor zwei Jahren erworbene Heckenschere gerade ihren Dienst aufgegeben hat.

„Gemeinschaftsgarten – erste Saison beendet, erfolgreiche Bilanz", lese ich im Stadtmagazin. Auf dem Foto sieht man glückliche Gärtner, von klein bis groß.

„Das ist ja gar nicht so weit weg", überlege ich, als ich die Adresse erblicke. Und radle im Geiste in den Gemeinschaftsgarten, wo es Obstbäume in Hülle und Fülle gibt. Ackern, säen, ernten, alle zusammen glücklich sein. Das moderne Paradies, mitten in der Stadt.

„Hunde verboten", entdecke ich, als ich den Artikel weiter überfliege, und denke: „Eh klar. Das war's dann wohl mit dem gemeinschaftlichen Glücklichsein."

Glücklichsein n minus 1, würden die Mathematiker wohl sagen. Einen Ausschlussgrund gibt es immer, und wenn er auf vier Beinen daherkommt.

„Wir wollen reingehen und noch mit Zaubersand spielen!", verkünden die Kinder und holen mich aus meinem Tagtraum.

„In Ordnung", sage ich und helfe mit, die Spielzeuge in die Garage zu räumen.

Im Nu erschaffen die Kleinen gemeinsam mit Freunden auf einer Holzplatte im Wohnzimmer ihr eigenes, zauberhaftes Universum. Türmchen hier, Denkmale dort, Wege und Mauern, die jederzeit verschoben werden können.

„Ich hole meine Ritterpferde!", verkündet die Große, während die Mittlere einen Wachhund auf die Festung setzt.

„Vorsicht, das stürzt ein!", warnt der Schulkollege der Großen, kurz bevor das erste Türmchen unter der Last des Hartplastikhundes in sich zusammensackt.

„Hunde verboten", sage ich und werde prompt überstimmt.

„Nein, das geht nicht!", motzt die Mittlere.

„Aber dann zumindest nicht auf die Türmchen drauf!", befiehlt die Große.

Die Stimmung brennt. Alle wissen, dass sie fertig sein müssen, bevor die Kleinste mit dem Papa vom Milchholen retour kommt. Letztes Mal schon hat sie alles vernichtet und voller Begeisterung die sandigen Konstrukte in ihren Urzustand zurückversetzt.

„Wer hat noch Sand?", fragt der Schulkollege der Großen, und die Mittlere gibt ihm großzügigerweise ein Stückchen Mauer ab.

Wie schön die Landschaft hier doch ist. Und alle haben Platz. Zumindest bis die Türe aufgeht und die Kleinste hereintollt.

„Ok, morgen machen wir etwas ganz Neues", verkündet die Große, und alle beteiligten Baumeister ziehen sich kampflos von ihrer eben erfundenen Architektur zurück.

„Abreißen!", ruft der Schulfreund, und bevor die Kleinste noch mit mörderischem Spaß in den Sand patschen kann, sind alle voller Begeisterung mit dem Einebnen beschäftigt. Aus Häusern werden Handabdrücke, und vier Kilo Phantasie verschwinden wieder im großen Plastikeimer.

„Zaubersand ist so cool!", ruft die Freundin der Mittleren und lächelt, als sie ihre Kunstwerke freiwillig dem Erdboden gleichmacht.

„Passt auf den Teppich auf!", rufe ich zwischenrein, weil das Zeug nicht nur magisch an sich selbst, sondern auch in den Teppichfasern pickt. Ich sauge, was das Zeug hält, aber weiße Ränder bleiben.

„Ist nur Kalk", beruhigt mich mein Mann und hilft mit dem zweiten Staubsauger und einem feuchten Fetzen.

„Schön, wie sie hier spielen, findest du nicht?", lächle ich ihm zu.

„Klar", nickt er, „lass uns am besten unser Traumhaus damit bauen."

„Und wieder plattmachen", schmunzle ich.

„Und wieder plattmachen", wiederholt mein Mann. Er küsst mich. „Irgendwann ist alles wieder platt. Platt wie ein Blatt."

„Platt wie ein Blatt", nicke ich.

Mein Telefon läutet.

„Hallo?", melde ich mich.

„Guten Tag", sagt eine männliche Stimme am Telefon.

„Sie hatten uns vor einiger Zeit einen Suchwunsch gemeldet. Es ging um ein leistbares Haus in der Stadt mit schönem Garten. Wir haben da etwas sehr Interessantes für Sie reinbekommen. Achtung, das Objekt hat einen neuen Preis ..."

ÜBER DIE AUTORIN

Betty Angler, Jahrgang 1980, mag freche Texte und grundlegende Recherchen. Sie ist Mutter von drei süßen Kindern und schreibt für ihr Leben gern. Als Werbefachfrau weiß sie, wie man Sprache als Werkzeug einsetzt. Schließlich arbeitet sie selbst so, wie es in der Immobilienbranche üblich ist ...

Außerdem von Betty Angler erschienen:

„Das Traumhaus Malbuch"

Für alle (künftigen) Hausbesitzer, die Lust darauf haben, ihre Wunsch-Immobilie jetzt und sofort zeichnerisch auszutüfteln.

Zeitfracht Medien GmbH
Ferdinand-Jühlke-Straße 7
99095 Erfurt, Deutschland
produktsicherheit@kolibri360.de